国际大师
风水系列 **01**

插图珍藏本

国际大师首度写作入门书 两岸三地必修风水经典课

商业开运 居家开运
学风水的第一本书
Introduction To Feng Shui

李居明 / 著

陕西师范大学出版社

编者序

揭开风水的不传之密

风水算得上是中国国粹中的一项大学问，几千年来影响着国人的居住理想和建筑方式，甚而影响着国人对时间和空间的判断、铸造及想象。离开风水，华夏文明显然会有所缺失。风水学所特有的自然生态观不仅与现代生态科学和环境科学的理论不谋而合，还为后者的形成和发展做出了重要的理论贡献。

随着人类生态环境的日益恶化，号召顺应自然，天人合一的风水学又变成了现代的一项大学问，不仅各大学为建筑、设计专业的学生开设了相关课程，其它专业的学生也很乐意选修风水理论，甚至不少 MBA、EMBA 的课程也安排了风水讲座。更有趣的是，风水 (Feng Shui) 还同中国功夫、中医中药、中华料理一样，成为中华文化对外输出的重要象征。在西方，风水早已不仅是来自东方的神秘学问，也是环境科学的组成部分。

近年来的房地产热潮，也将风水的应用变成了不少人的当务之急，毕竟房子的事可以关系一辈子的家计民生。相关风水的出版热潮于是出现，买房、装房、准备买房的人，大多也买过几本成色不一的风水书籍。

综观如今市面上流行的风水图书，大抵分两大类型：一类版本厚重，内容晦涩艰深，此为"理论派"的教科书，其中不乏成一家言之力作，但毕竟只有"专业人士"可以受用，且裹足食古的论述难以适应现在环境之剧烈变迁，即使能读明白了，可用度也大打折扣；另一类花哨轻薄，大多彩色印刷加大量楼盘图户型图，罗列简单案例和浅显结果，令读者误以为可按图索骥，解决实际问题，但这类根本不具风水精神的书籍不仅不中用，更可能害人。

所谓风水精神与中国其他传统的学问一样，总是以变化为核心。风水随不同的人、不同的时间和地点都会有无数变化，但这种变化也并非神出鬼没，而是有规律可循。这种规律用现代人的话说，就是磁场学和数学，是磁场共振理论的应用和数学公式（口诀）的演算。可惜古人没有以西方式的学术态度和学术方法来整理和发展这门学问，而是几千年来任其沦为江湖术士密而不传的衣食工具，其中可能有发扬光大，也会有泥沙俱下，真知与迷信共存。

我们之所以在此编辑出版国际大师李居明的《学风水的第一本书》，其目的有两个，第一要将风水学"专业的晦涩"变得简单易懂；第二更希望改变将风水学问进行不负责任的生硬简化、误导读者的趋势。

李居明先生之不同，首先在于他有正信的勇气，是故本书第一章开宗明意："要学习风水的基本概念并不困难。风水经常被人复杂化，原因之一，是很多风水师将风水视为绝学，刻意为风水制造神秘色彩"。其次他还有"降低学术门槛"的勇气，能在一本书中将大量风水专业人士密而不传的理论和方法公诸于众，让最普通的读者也能分享这门学问的关键和谜底。

所以，我们现在能看到的是一本真正化繁入简，破除迷信建立正信的风水学入门著作，

在这本打通各门派偏见的集大成著作中，理论脉络清晰

易懂，实用方法全面有序。既有教人如何使用罗盘的入门方法，更有别的著作绝不敢涉及的门派高下的简单明辩。总之，这是一本绝不会让人摸不着头脑，而是让人拿起来后就会欲罢不能的畅快读物。

李居明先生的相关著作其实早在内地流传，并深受欢迎，其独特的风水理论和应用方法，也早已成为中国两岸三地相关专业人士的必修及引用经典。只是长期以来，李氏著作在内地盗版横行，绝大多数内地读者难以以原著证道。今此出版的李氏最具影响的集大成之作《学风水的第一本书》，经李先生最新斧正，也为适应内地读者需要，进行了文字的少量修改及调整。相信能更加精益求精，无憾于其风水学现代经典的地位和读者的期望。

更重要的是，在你阅读整本书时，能不断感受到作者热诚的愿景：学习风水，是为了更好地了解自己的特性和环境的特性，过既顺应环境又积极进取的健康人生。编者在此不揣冒昧，也以此为愿。

编者谨识
2006 年 8 月

古为今用的改运风水学

　　堪舆学上的"龙穴砂水"，应用在21世纪大都市的阳宅风水上，虽称为"峦头学"，但却可以现代化一点，称为"环境学"好了!古代结宅，重视山脉河流，现代选宅，首重区域、街道。

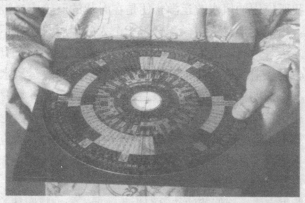

　　古代一宅三四代同堂，现代人很少与祖父祖母同住，很多古老的风水学问，今日已经不适用，就以电脑而言，古代风水学便从未因电脑而具体占算吉凶，今日无人不与电脑同在，那应该怎样运用风水来看电脑对磁场运气的影响呢?因此，风水学要跟上时代发展的脚步，不要抱旧文化为宝，要

经过学习、实证、反证、应用、实战的过程，最重要是承先启后，将祖先的古文化重新整理和改良，确立新风。

我所应用的风水改运学，便是在时代的巨轮中慢慢催生出来：由三元地理玄空学配合每一个人的生辰八字，不以诞生年立年卦，而以出生年、月、日、时来厘定对五行的反应，再配合易经卦气，衍生出一套实用而具效应的改运风水学问来。《李居明风水改运学》只是一个入门，我正计划写第二本，相信这样写下去，将整个风水绝学流传下来，写七八册应该算不错了！这是第一册《学风水的第一本书》，我应弟子的一再要求，力求简化，希望读者能由浅入深，有一个学习中国古文化的好开始。

此书完成，感谢我的徒弟们为我整理。特别感谢徒弟林惠平及何松乐，一位为我整理演讲资料，另一位为我设计封面及精心排版，令此书得以面世，也使我的风水改运理论得以传世。

李居明

作者序
古为今用的改运风水学

第3章 家中物事 物物玄机 / 56

风水学最重视的是，理论与实际经验的结合。

第4章 内外杂诀 应用妙绝 / 74

所谓风水，其实就是峦头与理气的学问。
峦头是环境风水学，理气是飞星风水学。

白虎献媚淫事旺　　　双水胯形夜夜邪
明堂拨水卸难有　　　山环水抱总是情
反弓路射反弓人　　　破败墙垣破败地
庙寺塔冲平常宅　　　孤峰独傲僧尼舍
逼压自裁困滞事　　　穿射割飞离祖泽
唇边嘴角风云地　　　前低后嵩嗣有德
四正水催桃花事　　　红花垂柳两情对
形象煞寻形象业　　　病死堂灵病死途
风水绝学

第5章　山星向首　正零水就 / 114

看一个三元地理的风水，第一点要知道的就是，
现在所行是什么世运。

第6章　骑缝出线　兼山兼向 / 132

风水学再进一步去研究，并非从书本上去学习，
而是要实地堪察。

目

录

第7章　九星断事　精彩百出 / 150

在九星飞伏中，共有九九八十一个卦或飞星的组合。

第8章　实战布局　玄空九诀 / 174

将飞星学与玄空大卦结合运用，

可令风水的准确程度由 24 个组合增加至 384 个组合。

第 9 章　楼居吉凶　运分顺逆 / 198

命卦的名称与飞星名称一样，
是将人分成由一白至九紫共 9 种命卦。

第 10 章　降伏凶星　催旺吉辰 / 226

大部分家庭面对最严重的风水问题，是家中堆满了
杂物。

目

录

第 *1* 章

罗盘是风水师的宝剑，是用以发招的武器。

学
风
水
的
第
一
本
书

掌握罗盘
坐向立判

风水的信念

本篇内容

第一章　掌握罗盘 坐向立判

风水的正信观念

要学习风水的基本概念并不困难。风水经常被人复杂化，原因之一，是很多风水师将风水视为绝学，刻意为风水制造神秘色彩。

另一个很重要的原因，是风水具有很大的威力。风水摆设改变整个环境的磁场构造，从而将因果扭转并使之达到平衡状态。

如果判错风水，可以祸延三代，若扭错了因果，风水师亦要承担后果。

因此风水师必须具有福德和福慧，不能纯粹只为赚钱而看风水。

我之所以有宗教信仰，正因我要通过宗教的修持去积聚福德，将因果转化。

因此风水师"选择"徒弟的时候非常小心，在未正式向大家讲解风水之前，我必须开宗明义，为大家说明这个道理。

所谓风水学，其实是一种磁场学和方位学，是通过罗盘上的磁针所指方位，再加以数学的计算，去推断方位对人造成的影响。

风水学不是特异功能，绝对不能靠感觉或直觉等去替人看风水。

风水学并非万能，假如一个人犯了杀人罪，他要承受杀人的因果，你不能单靠一个罗盘便去扭转这种因果。

所以风水不能左右宿世的因果，亦即不能左右灵界、巫术或宗教的影响。假如你进入一所住宅时，指南针出现不正常的跳动，你根本无法辨认方向，或者你脑海中突然一片混沌，你要放弃为这间屋看风水，因为这间屋正受一种比方位学更高层次的磁场电波干扰，这种电波可能来自某种电源或者某个空间。风水学上用"五黄"来代表这股力量，是有化解之法的！

还有一种地方你不能看风水，就是赌场。理由是赌场的磁场受到极多种外来力量的干扰，赌场的风水是看不准的。皆因赌场一定有灵界的因素干扰风水。

风水是一门易学难精的学问，但从事风水比从事批算八字容易得多，因为八字的批算是立竿见影，你批算得是否准确，当事人一听便知。

但别人很难对你建议的风水摆设提出反驳，亦难以引证对错，所以风水亦是最容易被用来招摇撞骗的。大家要从学术性、哲理性及正信的角度去研究风水，不要落入迷信、神化的盲目崇拜。

我要一再强调，风水师的好与坏，决定于这个风水师是否具有福德。大家学习风水的目的，首要是帮助自己去掌握和控制家居风水。祝自己成为一个有德行的医生！

假如你要为别人看风水，你必须具有如医生一般悬壶济世的心怀，以善良慈悲之心去帮助有需要的人，方能成为一个好的风水师。

罗盘的认识

要学习风水，首先当然要认识罗盘，罗盘是风水师的宝剑，是必不可少的武器。

罗盘即指南针，最初只有南北两极，之后加进东、西成为"东、西、南、北" 4个大方位。

再于"东西南北"之间加进 8 个方位，一共成为 12 个方位，这便是最早的罗盘。

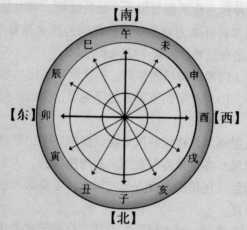

罗盘十二方位显示圈

罗盘即指南针，最初只有南北两极，之后加进东、西成为"东、西、南、北" 4 个大方位。

再于"东西南北"之间加进 8 个方位，一共成为 12 个方位，这便是最早的罗盘。

学习十二地支

大家见到罗盘上的 12 个方位并非写着东南西北，而是(从北方数起)：

子 丑 寅 卯 辰 巳 午 未 申 酉 戌 亥

这是中国历法的十二地支。

从这一刻开始，大家要忘记东南西北，以后改以十二地支去代表地球的 12 个方位，风水学上称为十二山。

大家要死记"子午卯酉"这个口诀，这是学术数必懂的四字诀！

子 = 北方　午 = 南方　卯 = 东方　酉 = 西方

你同时亦会发现罗盘上东南西北的次序，是南方在上、北方在下，这是风水学计算方位的次序，要小心不要搞错。当大家记熟"子午卯酉"这 4 个方位的名称后，便可以清楚地理解罗盘上所显示的方向。

认识十天干

罗盘发展至今，一共有二十四山，即是在原来的 12 个方向之中，再细微地划分成 24 个方向。

这新加进的 12 个方向也有 12 个不同的名称。

中国历法中有十天干，那就是：

甲 乙 丙 丁 戊 己 庚 辛 壬 癸

罗盘将"甲乙丙丁戊己庚辛壬癸"8 个字加入成为 8 个方向的代号，"戊己"代表五黄中央土，写在罗盘中央。

现在一共有 24 个方位代号，还欠 4 个。

易经与八卦

易经中有 8 个卦象，由伏羲所创，称为"先天八卦"。

周文王将 8 个先天八卦变化成六十四卦，称为"后天八卦"。

风水学，就是将"河图洛书"以及"八卦"的智慧融成一体，应用在方位之上的一种学说。

8 个先天八卦分别是：

坎 坤 震 巽 乾 兑 艮 离

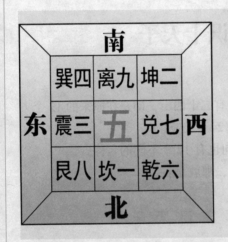

八卦分布图

易经中有 8 个卦象，由伏羲所创，称为"先天八卦"。

周文王将 8 个先天八卦变化成六十四卦，称为"后天八卦"。

发明罗盘的人将代表东北方的"艮"、东南方的"巽"、西南方的"坤"、西北方的"乾"这 4 个卦象加进罗盘之中，成为罗盘上的二十四山。

　　这二十四山又再由 8 个卦象所代表，即是：

　　　　坎卦：代表"壬子癸" 3 个山 (正北)

　　　　艮卦：代表"丑艮寅" 3 个山 (东北)

　　　　震卦：代表"甲卯乙" 3 个山 (正东)

　　　　巽卦：代表"辰巽巳" 3 个山 (东南)

　　　　离卦：代表"丙午丁" 3 个山 (正南)

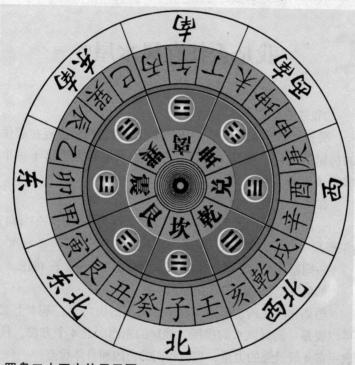

罗盘二十四方位显示图

　　发明罗盘的人将代表东北方的"艮"、冻南方的"巽"、西南方的"坤"、西北方的"乾"这 4 个卦象加进罗盘之中，成为罗盘上的二十四山。罗盘上由易经八卦去代表 8 个方位，每个方位再包含 3 个方位，一共 24 个方位。

坤卦：代表"未坤申"3 个山 (西南)

兑卦：代表"庚酉辛"3 个山 (正西)

乾卦：代表"戌乾亥"3 个山 (西北)

罗盘上由易经八卦去代表 8 个方位，每个方位再包含 3 个方位，一共 24 个方位。

至此大家已经掌握了罗盘上的所有方位。

我是否住在风水屋？

"我住的屋是否好风水？"

要找出答案非常简单，马上拿出罗盘，找出你现在居住的房屋的坐向，便马上可以知道你的家宅是否坐落于一个"好"的风水方位。

在风水学上，我们称"坐"向为"山"向。

一间屋 (坐) 北 (向) 南，风水学称为子 (山) 午 (向) (午即是南方，子即是北方)。

一间屋 (坐) 南 (向) 北，风水学称为午 (山) 子 (向)。

如何界定哪个山向才是好风水？

假如你所住的房屋坐落在十二地支的山向上，基本上就可以说是一间好风水的房屋。地球的东西南北 4 个方位，代表宇宙 4 股最强的力量，控制我们的吉凶和身体状态。

由 4 个方位衍生出来的 12 个方位拥有宇宙最强的能量，任何一间屋只要坐落在这 12 个方位之上，基本上已经称为"三元不败之屋"。假如一所房屋位于正东、正南、正西或正北，当然更是将相之府了。但由于每所房屋都受每年地运转变的影响，因此这种房屋得令时极旺，失令时极衰，是以这种强大的磁场亦代表暴起暴跌，生死荣辱系于一线之差。

因此罗盘上虽然有二十四山，但我们初步只重视十二山。所有风水变换都由十二地支产生，位于天干山向的房屋，在风水学中基本上只能称为较容易出问题的房屋。对于初入门的人而言，这是一个较基础的概念。

山向的运用

罗盘上的山向最常应用在以下 4 个地方：

（一）家宅　　　（二）床
（三）写字台　　（四）灶

除了找出家宅的坐向，去判定它是否风水宅之外，还要找出睡床的方位，即你睡觉时头部顶着哪一个方向，这个方位直接影响你的身体健康，因每日你有 1/3 的时间睡在床上。

写字台的方位亦非常重要，因为这是你财富收入的来源。

厨房内炉灶的方位原来都很重要，因为灶代表主妇，这个位置直接影响主妇的健康和地位。

根据《三元风水学》所说，"山管人丁，水管财"。

很多人误以为"山"即是土，即要在家中摆放水缸。

其实"山"是"坐"，"水"是"向"，意思即是所有吉凶、人丁与财富都与山向有关。

"山"所掌管的是人丁，代表健康、添丁、人口的多寡。

"向"所掌管的是财富，代表权势、财势和官势。

古时的人，有官便有财，所以人死后要睡在"棺材"里面，意思是保佑子孙可以享受"官财"。有人在家中摆放"棺材"，视之为吉祥之物。

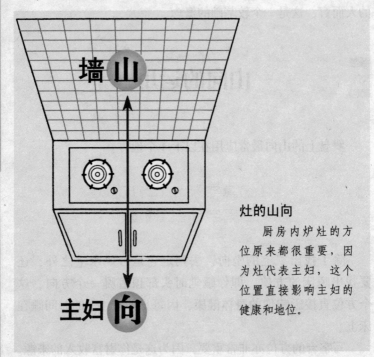

灶的山向

厨房内炉灶的方位原来都很重要，因为灶代表主妇，这个位置直接影响主妇的健康和地位。

峦头与理气

大家要为家居勘察风水时，要知道何为"峦头"和"理气"。

简单来说，"峦头"代表家中布置。你将床头坐墙摆放，床尾对着窗门，床边放床头柜，这一种便是峦头，即"空间"方位的应用。

但地球不断地转动运行，整个地球、以至整个宇宙的气场都每天、每年地不断变动，形成在不同的时间有不同的风水方位，这种根据"时间"变换去选择风水方位的学问，就是"理气"。

举例：一间屋出现"尖角暗射"，"峦头"上不好，但你还要计算"理气"上在哪段时间不好。你可能发现原来这个"尖角暗射"的危机在两年后才出现，所以现时住在这个单位不会出现问题。

这就可以解释何以某些祖屋第一代居住的人飞黄腾达，第二代开始衰落，到了第三代便一败涂地。同样一间房屋，峦头相同，但理气有所不同，即是时间有所不同，所产生的风水效应亦不同。所以风水一定要配合时间，风水物品的摆放亦要根据不同时间。一间屋在最初住的时候100分，但在某段时间可能会跌至0分。

学习风水，首先一定要改变只懂得看峦头的习惯。一般人不懂风水的理气，因此初学者成外行人，一般只停留在"峦头"这个阶段。

理气纯粹是一种计数的学问，并非眼看的占算。理气的计算比较复杂困难，一些水平较低的风水师，只懂得讲解摆放的理论，不懂得计算空间的转移。

举例：根据峦头，睡床靠着墙壁，这代表有靠山，是一种好的峦头。但假如计算理气，窗前是当时得令的风水位，你可能真的要考虑将睡床搬到窗前。

根据峦头，床头靠窗并非理想的位置，但众所周知，美国总统的写字台就放在窗前。

所以，只计算峦头不能掌握正确的风水摆设方法。在某种程度上，理气比峦头更加重要。峦头可以改变，即是环境的设计布局可以改变，但宇宙磁场、飞星位置不能改变，只能用五行去化。煞不能尽化，但峦头可以完全改变过来。

罗盘的使用

大家现在要马上找出自己家居的山向，我为大家解释罗盘的构造。罗盘的底盘正方形，代表地；中间圆形，代表天。是为天圆地方。

放置指南针的地方称为天池；指南针的其中一端好像一对小牛角，那个方向是北方；另一端所指的是南方。天池的底盘有两个小红点，将小牛角移至两点中央，那便是正北方。

罗盘上红色代表吉祥，黑色代表凶险。这是为方便后学者而设计的。罗盘在闲置的时候必须平放，才可以令磁针保持在闲适的状态。

如果侧放，令磁针打侧跌在固定位置，很快便会失去功效，这一点大家必须留意。

放置罗盘的时候，亦要留意附近是否有电流或磁石，有的话同样令磁针很快便失效。

一个专业的风水师要带备两个罗盘。当发现磁针不稳定时，便要拿出第二个罗盘，以确定是磁针失效还是受磁场干扰。

相传蚩尤被黄帝打败之后，灵魂附于指南车之内，所以罗盘被视为有辟邪之效。

有人将罗盘视为辟邪之物，用风水原理去解释，罗盘上包含所有五行八卦，的确可以产生平衡五行的作用。而且灵界最怕接触诞生与死亡，因为灵界滞留在没有时空的境界当中，最怕被人提醒时间观念。罗盘正好代表时空，由此推论，灵界的确很怕见到罗盘。

那么罗盘是否需要开光?我之前已经说过，风水不是符法，不是神通，并不需要向着罗盘念经、施法。

实战之窍门

在找家宅坐向的时候，究竟应该站在哪个位置去测量?这是历代风水师的秘技，我破例在这里公开。

要准确量度一所房屋的坐向，你要站在大门外距离大门口 7 个脚印的位置 (即约 3 步的距离)，面对大门口去测量。

你将罗盘放在胸前，罗盘的边线与大门口互相平衡，这样便可以准确地找出这所房屋的山向。

古时所有人都住在独立的住宅中，要找出山向非常容易。

现代人大多数都住在高楼大厦里，根据我的实战经验，由地面至 5 楼的单位受地面磁场的影响较大，需以整座大厦的坐向为单位本身坐向，测量的时候，要站在大厦正门之外 7 个脚印去测量。

基本上，层数越低，代表风水越好。理由是风水受地气影响，你住在摩天大厦的顶层，地气不足，风水的变数也越多。

所以最值钱的一定是地铺，有钱人亦一定住在独立洋房之中，这样才能真正吸纳地气的磁场。

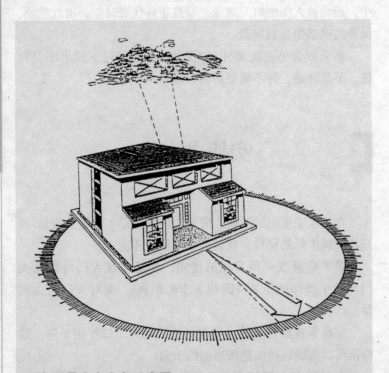

罗盘测量家宅山向示意图

准确测量一所房屋的坐向，你要站在厦门之外，距离大门口 7 个脚印的位置（即约 3 步的距离），面对大门口去测量。

你将罗盘放在胸前，罗盘的边线与厦门口互相平衡，这所房屋的山向。

假如你所住的屋并非位于理想的山向之上，有些风水师会建议你将大门改成斜角或另一个方向，以求将房屋的山向改变。

但实际的经验是，这种改变的功效只能维持很短时间，理由是这种变动并不能改变整座大厦的气场。

到山到向

我刚才已经说过，风水受时间，即理气的影响。从2004~2023年，地球进入20年的八运当中。我稍后再详细讲解八运的计算方法。

在八运之中，以下6种山向大旺发，称为"到山到向"，坐落这些方位之上的家宅，丁财两得。

- 乾山巽向
- 巽山乾向
- 丑山未向
- 未山丑向
- 巳山亥向
- 亥山巳向

上山下水

与"到山到水"相反的是"上山下水"之局，这是大凶之局，坐落于这些方位的家宅，丁财两失。

- 坤山艮向
- 艮山坤向
- 寅山申向

- 申山寅向　　　● 辰山戌向　　　● 戌山辰向

　　大家可以检查自己的家居是否属于以上山向，这是入门练习用罗盘的第一个习作。

　　我每年在通胜中会列出该年忌用的 9 个方位，大家参照通胜，可以知道每年有哪些方位不宜用事，例如不宜动土或安葬等。这是很重要的一个信息。

　　学风水不能不知道每年的凶方。例如太岁位便是每年不一样的重要方位。

招财风水物

天禄

貔貅

招财手

鱼敦撒网

八运燕

聚财坊

五指水

第 2 章

山向是空间，即是峦头，而时间是理气。

排出九宫
八卦为用

本篇内容

- 二十四山断吉凶
- 五行断吉凶
- 择日吉凶
- 四灵山诀
- 易卦九宫
- 易卦方位断吉凶
- 八大家庭成员
- 空间风水的运用
- 九宫飞星法
- 后天八卦
- 理气风水的运用
- 三元九运
- 当令八运
- 未来九运
- 退运七星
- 九星断吉凶
- 世运的交接
- 理气的掌握

二十四山断吉凶

相信大家已经找出家中的坐向，亦已经根据罗盘上坐向的颜色是红还是黑，知道自己家居的坐向在八运的 20 年中 (2004~2023 年) 是吉还是凶。

这时大家亦开始明白，何以我们不用东方、东南方等去描述方向，而要改用二十四山。

以罗盘上的东方为例，代表东方的震卦包括"甲卯乙" 3 个山。在这 3 个山之中，"卯"、"乙"为吉方，"甲"为大凶方。

在代表西方的兑卦之中，"酉"、"辛"为吉方，"庚"为大凶方。

例如：在七运之中，东西向的屋属当时得令。假如你所住的屋是"庚山酉向"，或者"乙山辛向"，这是大吉的方位。

但假如你的屋是"甲山庚向"，或者"庚山辛向"，同样是东西向的房屋，却呈现大凶之象。

有些人对风水一知半解，只知道在七运之中，东、西是好的坐向，却不明白东、西方之中亦有吉凶之分。

一位在加拿大的朋友向我投诉，他住在东西向的房屋之中，何以仍然行衰运。我用罗盘检查之后发现，原来他的公司和住宅竟然都是"甲山庚向"和"庚山甲向"。

从这一点大家可以明白，学习风水的第一步，是先要熟悉罗盘上的二十四山，然后才可以从中去判断家宅的吉凶，而不可用八方来论事。

在未学习风水之前，你可以简单地说东西南北方，但学习风水之后，你要改以二十四山去形容方向，这是其一。三元地理的玄机也在掌握 24 个密码，而非 8 个密码。

其次大家必须明白，罗盘方位的拿捏要非常准确。假如你手持罗盘的姿势不正确，譬如将"庚山甲向"看成是"酉山卯向"，便于是一子错，满盘皆落索。

五行断吉凶

罗盘上的五行，与八字的五行共通，风水与八字源自同一套学问，那就是五行的学问。

五行相生相克图

五行的相生，是：金（生）水、水(生)木、木(生)火、火(生)土、土(生)金。

五行的相克，是：金(克)木、木(克)土、土(克)水、水(克)火、火(克)金。

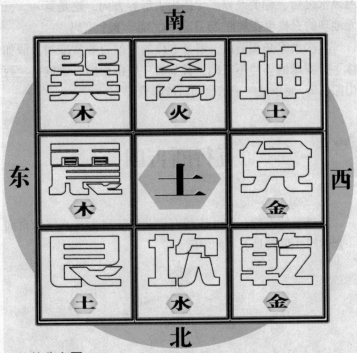

八卦分布图

　　罗盘上的五行，与八字的五行共通，风水与八字源自同一套学问，那就是五行的学问。通过此图大家可以明白八卦的五行。

　　传统上大家喜欢将五行说成"金、木、水、火、土"。

　　由现在开始，大家要改说"金、水、木、火、土"。

　　五行的相生，是：金 (生) 水、水 (生) 木、木 (生) 火、火 (生) 土、土 (生) 金。

　　五行的相克，是：金 (克) 木、木 (克) 土、土 (克) 水、水 (克) 火、火 (克) 金。

　　十二地支的五行，是：

　　"寅卯辰" 3 个地支属木，代表东方。

"巳午未" 3 个地支属火，代表南方。

"申酉戌" 3 个地支属金，代表西方。

"亥子丑" 3 个地支属水，代表北方。

十天干的五行，是：

"甲乙" 属木，代表东方。　　"丙丁" 属火，代表南方。

"戊巳" 属土，代表中央。　　"庚辛" 属金，代表西方。

"壬癸" 属水，代表北方。

初学者慢慢记熟便可以！一定要懂，否则风水还是学不成的。

然后大家要知道八卦的五行。

大家至此全部清楚了二十四山的五行。

罗盘上的 "子午卯酉"，即东南西北 4 个方向，是控制人类的四大气场，没有东西可以阻挡这 4 个气场的能量。

自古以来，皇帝的宫殿，一定建在子午线之上。正神摆设的方向，一定是子山午向，因为正神所吸纳必定是正极的磁场。

我发现那些有乩童的庙宇，都是癸山丁向，癸代表阴灵，这种坐山的庙宇无法招来正神，只能招来阴神。同样是坐北向南，但子山与癸山，产生极吉与极凶的分别。

每一间屋都受子午卯酉这 4 种气场的影响。一间屋由大门以至厨房、洗手间、睡房，全部都受四大气场的干扰。中国人喜欢住在四合院，理由是可以平均地吸纳四大气场的五行。基本上一间 "四正" 的屋才可以称为好风水的屋。

你找出自己所需和所忌的五行，便可以根据自己的五行需要找出配合自己五行的山向。假如目前有两间屋供你选择，一间卯山酉向，一间酉山卯向，而你本身需要木，于是毫无疑问，你一定选择坐于属木方位的卯山酉向。

择日吉凶

当你知道家宅的山向之后，你要知道这间屋在哪段时间是当时得令，哪段时间是行衰运，亦即是你要计算这间屋的理气。

所以山向是空间，即是峦头，而时间是理气。

要找出一间屋的吉凶时间很容易，譬如：家宅为午山子向，凡对角的方位代表对冲，所以"午"与"子"互冲。假如你所住的屋坐"午"，那代表凡子年、子月、子日、子时都与这间屋互冲。

假如你要搬屋、动土，不能选择"子"日，更切忌在"子"日搬进一间与子互冲的屋内。

所以家宅山向的其中一种最大的作用，就是你以后订定日期的吉凶，都以家宅的山向为依据。

即使那一天是通胜的吉日，但如果那一天的日元 (天干地支) 与家宅对冲，那一天属凶日，不宜用事。

仍以午山做例，午与子冲，是以"子"为凶日。但午与"寅戌"成三合，午亦与"未"合，所以凡"寅戌未"为吉日吉时。

用这个方法去择定吉凶非常有效，因为日子与山向有极大关联，这是一种实战经验所得出来的理论。

中国的杂煞很多，即是有很多家不同的理论，如果每种理论都采用，变成天天都是煞，天天都不能用事。

因此大家要选择一个最好的方法去计算运用，这一种以山向定吉凶的方法称为"正五行"，是一种最广被采用的方法。

大家要清楚，十二地支的对冲，是所"向"便是所"坐"的对冲，一共6个组合，称为六冲。

天干的对冲，是受刑克者为对冲。如水克火，壬癸便是丙丁的对冲。金克木，所以庚辛是甲乙的对冲。

四灵山诀

在风水学的运用上，有一个很重要的口诀，初学风水的人很喜欢用这个口诀，那就是"左青龙、右白虎、前朱雀、后玄武"。这是一个最原始，但最实用的口诀，称为"四灵山诀"。

这个诀是由天上二十八宿所引发的道理，是一种天象的布局方法。所谓左青龙、右白虎，是当我们从坐山向前望的时候，左、右两边都出现靠山，有如一个人伸出两条臂膀，拥抱前面的空间。

左边青龙位代表刚阳、代表男性。青龙位壮旺，代表贵人及拥有镇压的力量。右边白虎位代表阴柔，代表女性。白虎位壮旺，代表拥有强大的阴柔力量。

假如家宅偏左或偏右，造成青龙短、白虎长，或者青龙长、白虎短、代表阴阳力量并不调和，男女权力强弱不均，白虎过旺代表是非之灾，青龙、白虎必须平衡，方称得上是好风水。

屋前拥抱的空间称为朱雀，亦称为明堂。明堂指位于屋前低陷的空间。明堂最好可以看到房屋和水，如果全是水会令人产生退休的念头，全部见屋则容易变成工作狂。

明堂的前端，一定要有关拦，这一种才称得上是藏风聚气之局。没有关拦，气场无法在明堂凝聚及流转，亦即是财富不能在明堂内走动，所以要做到藏风聚气，一定要有遮挡。

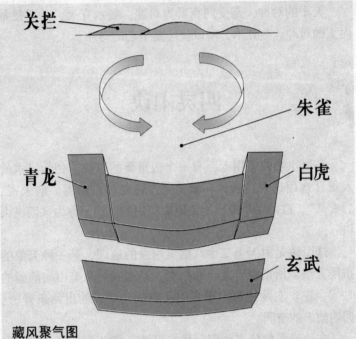

藏风聚气图

屋前拥抱的空间称为朱雀，亦称为明堂。明堂的前端，一定要有关拦，这一种才称得上是藏风聚气之局。

特质，才称得上是好风水。

时至今天，最好风水的屋，亦即是最富有的人所住之屋，都一定是这种布局。这套理论虽然已经很陈旧，但仍然适用于今天，只不过由于现代社会中大多数人住在高楼大厦，要住在这种布局的屋绝非易事，所以这套理论亦日渐被人遗忘。

我在愉景湾曾经看到这种格局，那里有一间游艇会，一条长长的堤坝旁边泊满了游艇，这一种便是关拦。

游艇停泊的方式原来亦别具含义。如果游艇的船头向内，代表进入明堂，风水学上称为朝观，即是能够如帝王般获得别人朝观参拜，是一种好的风水。但假如停泊的船头向外，有众叛亲离之征，这一种便不是好风水。

以上所说的是峦头学，即是形相学。

一如我之前所说，形相要配合理气，即是你要找出那间屋在哪一年，或者哪段时间最当旺。我现在便马上教导大家九星飞伏的方法，使大家懂得计算风水的理气.

易卦九宫

学习风水一定要先学懂八卦，因为八卦是占算峦头和理气吉凶的基本法则。这是一个易卦的九宫格，我们定下了东、西、南、北、东南、西南、西北、东北等 8 个方位，分别由易经的 8 个卦象，即是"震巽离坤兑乾坎艮"去代表。

这个易卦九宫告诉我们一个重大秘密，就是原来每一个方位代表一位家庭成员。这个易卦九宫还有另一个更重大的秘密，就是每一格代表一粒星宿的飞伏。大家看到九宫格内由 (1) 至 (9) 的数字，这是天上 9 粒星宿的名称，那就是"一白星、二黑星、三碧星、四绿星、五黄星、六白星、七赤星、八白星、九紫星"。

这 9 粒星宿按着固定的轨迹去飞伏，找出这 9 粒星飞到哪个方位之上，便知道那个方位的吉凶。

易卦方位断吉凶

风水学利用易经的 8 个卦，去代表 8 种家庭成员在一个环境之内的分布方位，这一种是峦头学。

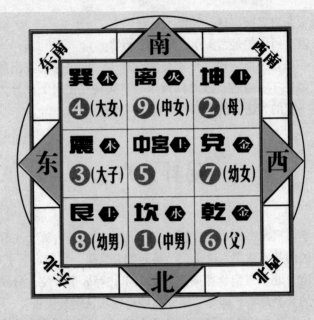

后天八卦图(量天尺)

　　这是一个易卦的九宫格，我们定下了东、西、南、北、东南、西南、西北、东北等8个方位，分别由易经的8个卦象，即是"震巽离坤兑乾坎艮"去代表。每一个方位代表一位家庭成员。每一格代表一粒星宿的飞伏。

　　如八卦中东方的震卦代表长子，这代表在一间屋内，甚至在一个公园之内，东方的摆设直接对长子造成影响。这亦代表当任何飞星飞到东方之上，受影响的便是长子。

　　我举一个实例。我有一次看风水的时候，发现东方放了尖形锋利的白水晶，我由此推断家中长子会遇上开刀、打针，以至交通意外等情况。屋主当时极力否认。过了几天，客人来电，告诉我原来身在外国的长子竟然染上毒瘾，每天在家中为自己打针。

　　我再举另一个实例。我有一次到英国为一个顾客看风水，他患头痛之症，屡医无效。我到他的家中一看，发现原来在代表男主人的西北方上有一横梁，横梁之上全部堆满了砖头，亦即是男主人的头顶有很多石头，怪不得这个人常年头痛。回港后我收到他的电话，多谢我为他治愈这个顽疾。风水有时也可以很轻易简单的! 以上所说，便是根据空间的分布，去确定哪一个空间对哪一个人会造成影响。八卦有五行之分，五行直接控制人的身体器官和机能。空间的摆设直接影响区域的五行，直接对区域内的人造成好与坏的影响。

八大家庭成员

八卦分别代表以下 8 种家庭成员：

(一) 东方是震卦，代表长子，五行属木。木掌管人的肝、胆和手脚。

(二) 东南方是巽 (音 xùn) 卦，代表长女，五行属木。木掌管人的肝、胆和手脚。

(三) 南方是离卦，代表中女，五行属火。火掌管人的头、心脏和血液。

(四) 西南方是坤卦，代表母亲，五行属土。土掌管人的脾胃，而事实上由于母亲负责煮饭，所以母亲的确掌管全家人的胃。

(五) 西方是兑 (音 duì) 卦，代表幼女，五行属金。金掌管人的肺、喉咙和鼻舌。

(六) 西北方是乾卦，代表父亲，五行属金。金掌管人的肺、喉咙、鼻舌及大肠。

(七) 北方是坎卦，代表中男，五行属水。水掌管人的肾，肠、膀胱和耳朵。

(八) 东北方是艮 (音 gèn) 卦，代表幼子，五行属土。土掌管人的脾胃。

东南方是巽（音xìn）卦，代表长女，五行属木。木掌管人的肝、胆和手脚。

南方是离卦，代表中女，五行属火。火掌管人的头，心脏和血液。

西南方是坤卦，代表母亲.五行属土。土掌管人的脾胃，而事实上由于母亲负责煮饭，所以母亲的确掌管全家人的胃。

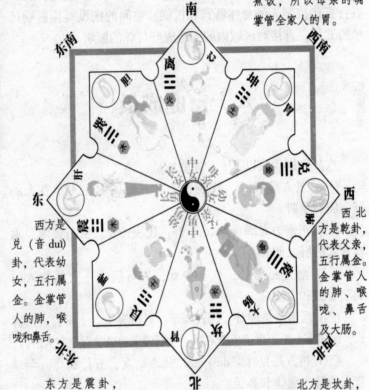

西方是兑（音duì）卦，代表幼女，五行属金。金掌管人的肺，喉咙和鼻舌。

西北方是乾卦，代表父亲，五行属金。金掌管人的肺、喉咙、鼻舌及大肠。

东方是震卦，代表长子，五行属木。木掌管人的肝、胆和手脚。

"东北方是艮（音gèn）卦，代表幼子，五行属土。土掌管人的脾胃。

北方是坎卦，代表中男，五行属水。水掌管人的肾、肠、膀胱和耳朵。

八大家庭成员与八卦分布图

空间风水的运用

如何将空间的分布和摆设套入生活之中？

首先你要将家中分成九宫，将八卦写进去。假如你是家庭主妇，你将坤位（西南方）圈起来，那里便是你所属的位置。

一间屋如果缺角，代表那个方位的家庭成员出现问题。

如果一间屋缺西南方，代表这间屋缺少母亲，或者对母亲不利。一间屋缺东方，代表这间屋的主人只能有女儿，或者儿子有肝胆之疾、甚至手脚残废。所以正方形的屋一定比缺角的屋好风水。

其次大家要知道，风水五行对于人的身体器官有最大影响。

所有物件都拥有五行，而人的身体状况亦由五行控制，物件的摆设影响空间的磁场，从而影响人的健康和运气。

假如你在家中的东方放仙人掌，你的长子一定经常骨痛。

如果你是幼女，而你经常声音沙哑，或者鼻喉出现问题，你找出西方的方位，一定发觉那里有异象，例如摆放了一个火炉，以致火太重而肺、喉有问题。

我曾经为一家人看风水，我根据家人出现的问题，断定洗手间内一定摆放了兔子。屋主照例否认。最后他们真的在暗角处找到一只玩具兔，而奇妙的是这家人没有小孩子，他们只能推想是装修工人遗留下来的。

要进一步掌握正确的风水摆设，你必须清楚自己及家人所需及所忌的五行。简单来说，人出生的五行受季节的影响，假如你在夏天出世，你的五行偏向较热，所以你要水而忌火。反过来说，假如你在冬天出世，你要火而忌水。

假如你在春天出世，由于春天是木旺的季节，木太多需要金去砍伐，所以生于春天的人要金而忌木。秋天是树木凋零的季节，生于秋天的人要木而忌金。

因此一般而言，生于春天的人木旺要金，生于夏天的人火旺要水，生于秋天的人缺木而忌金，生于冬天的人怕冷而要火。但这种理论只是一般性而言，大家只适宜作为参考，要真正了解自己的五行需要，须要经过专业的八字批算。其中还是有微妙的玄机的，要这样认定和入门！

在现代家庭中，除了炉灶有火，电视机、电脑等经常开动的电器，都是极强的火之来源。假如这些方位所代表的家庭成员并不需要火，你要想办法减低那个方位的火性。

例如北方的坎位属水，代表中男，如果你家中的中男患上中耳炎，你马上知道是坎方的水位出现问题。当你摆设适当的物品，就可以补救所缺的五行。

假如你是家中的父亲，你需要水的五行，你应该将鱼缸放在乾方，即是西北方，这个方位的摆设只会惠及你而不会伤害别人。

所以大家希望在同一间屋内为所有家庭成员摆设，方法非常简单。

譬如太太要火，便在代表主妇的西南放长明灯。

丈夫要金，便在西北方放冰箱和空调。

长子要木，可以在东方摆书柜。

如果你有4个儿子，第一个是长男，第二和第三是中男，第四个是幼男。

你所属的方位是独立代表你个人的方位，那个方位的摆设只会影响你一个人。

以上是九宫八卦在峦头上的运用。由于这种空间的摆设无须计算理气，初学风水的人可以先尝试勘察这类风水。

九宫飞星法

我现在教导大家九星飞伏法，这亦叫做九九八十一步量天尺。

这是整个风水学理中一个非常重要的理论，不懂得这个理论，永远找不到空间转换的规律。那空间转换的规律，可以通过量天尺的推算得出。

大家要死记八十一步量天尺之中飞星的飞伏方法。飞的次序如下图，即是由中间的第 (一) 步开始，飞向右下方的第 (二) 步，然后飞到第 (三) 步，一直依次飞到第 (九) 步为止。

当飞到第 (九) 之后，那粒星会再飞回第 (一) 的位置，然后又再重新开始 (一) 至 (九) 的飞伏次序。

以上是九宫飞星的次序，是推算天上星宿飞伏的状态。

大家亦可以举起自己的手掌。当食指、中指和无名指三指并排的时候，会出现 9 个格。大家记熟飞星的次序之后，便无须用笔去写，可以将拇指按在中指的中格上，然后按上图的次序由中央第一格飞至第九格。

这一种方法叫排山法，古代术士常伸出手来屈指一算，其实就是用排山掌法推算星宿的运行以断吉凶。

00000000 后天八卦如果中央的一格是 (五)，按前文飞星的次序，便会变成如下图：

九星飞伏次序图

　　由中间的第（一）步开始，飞向右下方的第（二）步，然后飞到第（三）步，一直依次飞到第（九）步为止。

　　当飞到第（九）之后，那粒星会再飞回第（一）的位置，然后又再重新开始（一）至（九）的飞伏次序。

　　九宫飞星的次序，是推算天上星宿飞伏的状态。

后天八卦

　　这一种以（五）字飞入中宫的九星分布，称为后天八卦，因为河图洛书以（五）数为宇宙密码。

　　我们常以后天八卦作为基础，去计算各种风水方位和飞星分布。大家可以尝试将（一）至（九）的数字写在中宫，根据以上飞星次序，便可以得出以（一）至（九）为中宫的9种不同飞星次序图。

后天八卦

这以（五）字飞入中宫的九星期分布，称为后八卦。

理气风水的运用

相信大家已经开始熟悉九宫飞星的飞伏次序。

以 2006 年为例，这一年三碧星飞入中宫，于是我们得出以 (三) 为中宫数的九星飞伏。

从以下的飞伏图中，我们可以知道 (八) 和 (九) 飞进东南方和西方，而"二黑星"飞进代表长女的巽方，"五黄星"飞进代表幼女的兑方。

这代表在 2006 年长女和幼女都受到这两粒星的影响，犯煞及容易生病。

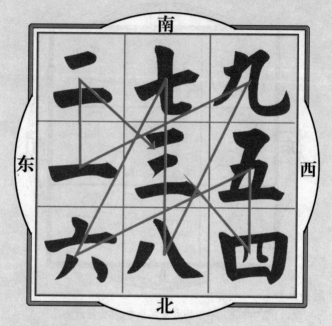

2006年飞行图

　　以 2006 年为例，这一年三碧星飞入中宫，于是我们得出以（三）为中宫数的九星飞伏。

　　究竟由（一）至（九）的星宿有什么含义？大家未了解每粒星的含义之前，先要知道何谓"三元九运"。

三元九运

　　学习风水的人必须认识"三元九运"。在历法上，每 60 年称为"元"，上元掌管 60 年，中元掌管 60 年，下元掌管

60年，"三元"一共180年。

　　将九宫的9粒星套入这180年当中，每一粒星掌管20年。

一白星掌管的20年称为"一运"

二黑星掌管的20年称为"二运"

三碧星掌管的20年称为"三运"

四绿星掌管的20年称为"四运"

五黄星掌管的20年称为"五运"

六白星掌管的20年称为"六运"

七赤星掌管的20年称为"七运"

八白星掌管的20年称为"八运"

九紫星掌管的20年称为"九运"

　　当"九运"即180年结束的时候，又再由一白星掌管"一运"，如此循环不息地计算地球的时空。

　　三元所计算是地球的理气，即计算宇宙地球之类大的空间变换对风水产生影响的方法。地球在过去1984~2003年行七运，亦即是由2004开始，地球进入20年的八运之中。八运过去，由2024年开始，地球进入九运。

　　这些年份的计算，是根据木星、土星的运行次数定出来，是星象的计算方法。

当令八运

　　当目前正处于八运的时候，掌管八运的八白星称为"当令星"。

在这 20 年当中，八白星所飞到的方位，称为当时得令，你能够追踪到八白星的飞伏，吸纳这粒大财星的磁场，自然可以当时得令，富不可当。

在八运当中，凡八的数字都代表当时得令。

未来九运

在处于八运的时候，掌管九运的九紫星称为"未来星"。

未来星代表吉星，这代表在八运的 20 年当中，九紫星所到之处，都能够带来吉运。此外，凡 9 的数字都代表吉祥。

退运七星

当七运退下来，由八运接上的时候，七运星以及之前的星宿都称为"退运星"，亦称为"失令星"。

这代表由一白星到七赤星都是吉中带凶，或者极凶之星，这些星宿飞伏的地方，需要通过风水摆设，将凶煞化走。

在八运之中，由 2~7 的数字属于退运星，都代表失令；而 1 和 9 属于未来星，是吉星。

九星断吉凶

当大家明白了"得令星"与"失令星"的含义，大家便可以掌握每一粒星宿的吉凶。

第一粒星叫"一白贪狼星"，五行属水。

一白星在得令的时候，代表升官、名气、中状元等官运和财运。失令的时候，此星为桃花劫，破财损家，甚至性病、绝症，异乡流亡。

第二粒星叫"二黑巨门星"，五行属土。

二黑星代表病符。此星在得令的时候并非病符，代表位列尊崇，能成霸业。但此星失令的时候，是一级大凶星，破财损家，代表死亡绝症、破财横祸，与五黄星并列为最凶之星。此星亦代表招来阴灵。

第三粒星叫"三碧禄存星"，五行属木。

三碧星代表是非。此星在得令时代表因口才而成名，大利律师、法官及鬼才等职。但此星失令的时候，代表是非官非，破财招刑。

第四粒星叫"四绿文曲星"，亦叫"文昌

星"，五行属木。

文曲星在得令时代表文化艺术、才华、文思敏捷。但失令时为桃花劫星、必招酒色之祸。

第五粒星叫"五黄廉贞星"，五行属土。

廉贞星得令时代表位处中极，威崇无比，如皇帝之最尊最贵。但此星失令的时候，称为五黄煞又名正关煞，代表死亡绝症、血光之灾、家破人亡。此星亦必招邪灵之物。

第六粒星叫"六白武曲星"，五行属金。

六白是偏财星，与一白、八白合称三大财星。六白得令时丁财两旺，失令时，为失财星，可令倾家荡产。

第七粒星叫"七赤破军星"，五行属金。

七赤星当运的时候，大利以口才工作的人，包括歌星、演说家、占卜家等，大利通讯传播。但七赤星退运的时候，代表口舌是非、刀光剑影、世界大战。又代表火险及身体上呼吸、肺部的毛病。

第八粒星叫"八白左辅星"，五行属土。

八白星得令时为太白财星，能带来功名富贵。田宅科发，为九星中第一吉星。此星失令时，为失财失义、瘟疫流行，失财干刹那间。

第九粒星叫"九紫右弼星"，五行属火。

九紫星当令时为一级喜庆星及爱情星，代表桃花人缘及天乙贵人，大利置业及建筑。但此星失令的时候为桃花劫星，损丁破财，亦主火灾、爆炸、心脏病、眼疾、流血等。

世运的交接

由 2004 年开始，世运正式踏入八运。

回顾过去 20 年的七运，由于七赤星当时得令，令歌唱、传媒、占卜等与口才有关的行业蓬勃发展。

在 1984 年以前，歌星开演唱会只能在小舞台，收入有限。1984 年之后，歌星开演唱会是在数万人的红馆，收入增加，名利双收，靠口才、唱歌的人全部赚大钱。

随着七运的退下，由 2004 年开始，歌唱事业开始走下坡，开演唱会可能要蚀本，当歌星不能像过去一般叱咤风云。

七赤破军星本身是吉中带凶的星，由于在七运中得令，因此令凶险的部分暂时隐藏起来。由 2000 年开始七运与八运互相交替，七赤星当中包含的刀光剑影、横死兵乱，亦逐渐慢慢显现出来。我在 2000 年的风水预测，已经说明了七运末年必定爆发战争和呼吸道肺病。

2003 年是七运的最后一年，这一年的世界战争与非典疫症，百分百应验了七赤星将 20 年来积聚的凶险，一次性爆发出来。

当踏入八运之后，八运属木，文职亦属木，因此大利文化事业；而未来的九运属火，与电脑相关的科技工作及产品均属火，因此大利电脑、电子科技等产品。

这代表在未来的 20 年中，不能再单靠口才，而需要通过"手"来当时得令，手写文章及网上资讯去发展各种业务是八运特色，现在流行的脚底按摩、推拿也是手的事业。

八白星属土，这代表地产、化妆、美容及与身体有关的行业会兴旺起来。由于未来九紫运为大桃花星，这亦代表色情业继续大行其道。

八白星是一级财星，这亦代表社会上出现一种现象，就是贫者越贫，富者越富。发达需凭财力，当你拥有财富，便可以通过财富去吸纳丰厚的回报。

理气的掌握

风水的原理，是每个方位都有五行。假如你要水，并非一定要睡在北方便有水，因为每个方位还有理气，如人的新陈代谢，有起有跌。

假如你所睡的方位正处于退运，你可能要找另一个方位去吸纳另一种水。举例你可能需要改睡在辰位上去吸纳癸水，或者睡在金旺的方位去令到金生水，这一种便是风水的转动。

所以风水一定要计数，没有一个方位永远是 100 分，就如没有一个人可以保证永远健康。

风水是计算每一个方位，是你运用那个方位时知道是吉是凶，是衰还是旺。当你计算了九星飞伏，便可以找出某个位置正在行什么运。

如南方代表火，这种火究竟是毒火还是有益的火？

火见土会泄气，假如那一年八白星飞入南方，会将南方火的力量泄去，你即使睡在南方都无法吸纳火的五行。

我现在教导大家的，是每年的九星飞伏方法。当然，你可以每月、每日甚至每个时辰都利用飞伏法去找出方位，但我的实战经验是，年星是最有利的方位计算，其他时间的效力都有所不及。

风水所说是宇宙的秘密，你不参与其中，保持头脑清醒，你便能够掌握当中的秘密。但假如你参与其中，由于产生了个人因果，便往往受到局限而不能够准确地计算所有方位。这便是宇宙的玄机。

好了！这一章你学了在家中八方对应家宅不同的成员，而布置适合他们五行的吉祥物，也开始懂得在自己掌中计算九宫飞星了，"屈指一算"这个神仙造型，你也懂了，神仙再也没有"屈指一算"的专利了！

第 **3** 章

　　理论与实际经验的结合。风水学最重视的是，理论与实际经验的结合。

家中物事
物物玄机

本篇内容

第三章　家中物事　物物玄机

风水与智慧

中国所有术数研究都离不开"金水木火土"五行，五行是人类史上最伟大、最准确的发明之一，中国人在研究五行这方面取得了杰出的成就。

作为研究术数的人，所求是3种智慧，那就是求准、求救世以及求开悟。

如何才称得上是准？你勘察风水的时候，要准确计算出哪一年开刀、哪一年赚大钱、哪一年有桃花，当睡床放在哪个方位会有什么事情发生。这一种便是求准的责任感。

第二是求救世，你学习风水的目的是，希望能够救人和自救。你具备这种心怀，才能够将风水命理的价值意义提升，才不会变成唯利是图，不顾别人利益的江湖骗子。假如不能将所学用来帮助别人，不如索性不学。

第三是求开悟，何谓开悟？那就是当你对风水的学习已经脱离了简单的吉凶测算时，你开始明白无论风水怎样流转，有些东西如人的寿命是不可改变的。你能否通过风水摆设，令一个人长生不死？一个88岁的垂死老婆婆要你为她摆设风水，使她延寿至100岁，你能否做到这件事？这是做不到的，因为八字和风水都有局限，所有术数都受制于人为因素和宿世因果。

如果为你看风水的人刚刚与妻子大吵一场，或者刚刚输了股票，你要求他很专注用心地为你看风水，这是没有可能的事，这一种便是人为因素的影响。

至于你今世的财富和健康，很大程度上受宿世果报的影响。我之前已经说过，假如你前生杀了10个人，今生不可能单靠风水便将因果了断，所以风水摆设到了某个程度，永远不能超越因果。有些术数师只一味求深奥、复杂去哗众取宠，不以准确务实的态度去掌握风水，令其他学习风水的人走冤枉路，或者错误理解和判断风水，这是由于未能真正领悟风水的意义。

从风水学去明白人生的因果和局限，明白准确计算和助人的重要性，不要走歪路，这一种便是开悟，便是术数家要追求和达致的境界。

紫白飞星之五选定

风水学最重视就是实战经验，当我站在一间屋的大门

八卦及飞星图

所有风水布置都离不开五行，中要五行调和，一定 战无不胜。风水的九官飞星，其实即是五行的变动，后天八卦图 将八卦五行及飞星的信息包纳其中，只要掌握了这个图，便等于掌握了风水的其中概念。

之外，用罗盘找出坐盘之后，我已经可以大致上猜到屋内的摆设和布局，这一种并非神通，而是理论加上实际经验的掌握。

我已经说过，所有风水布置都离不开五行，只要五行调和，一定战无不胜。风水的九宫飞星，其实即是五行的变动，大家要研究这9粒星的飞伏，准确掌握五行是最基本的条件。

相信大家对这个后天八卦图已经不会陌生。这个图告诉我们很重要的资料，大家只要掌握这个图，便等于掌握了风水的基本概念。

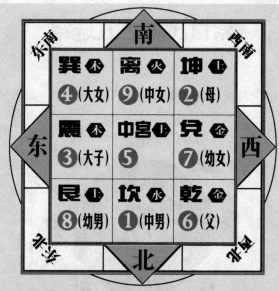

后天八卦图(量天尺)

九宫格上的每一个方位代表一位家庭成员。

九宫格内的每一格代表一粒星宿的飞伏。

九宫格内由(一)至(九)的数字。代表天上9粒星宿的名称，那就是"一白星、二黑星、三碧星、四绿星、五黄星、六白星、七赤星、八白星和九紫星"。

每粒星宿及每个卦象，都代表一种五行，而9粒星代表9种不同的吉凶。

九宫定方位

这是一个易卦的九宫格，分别由易经的 8 个卦象，即是"震巽离坤兑乾坎艮"去代表东、南、西、北、东南、西南、西北、东北 8 个方位。

九宫格上的每一个方位代表一位家庭成员。

九宫格内的每一格代表一粒星宿的飞伏。

九宫格内由（一）至（九）的数字，代表天上 9 粒星宿的名称，那就是"一白星、二黑星、三碧星、四绿星、五黄星、六白星、七赤星、八白星和九紫星"。

这 9 粒星的位置并非固定，而是按照我之前教导大家的九星飞伏次序，每年、每日，甚至每时都在不停地飞伏。

每粒星宿及每个卦象，都代表一种五行，而 9 粒星代表 9 种不同的吉凶。当我们了解每粒星宿和每个卦象的五行特性，便可以找出当一间屋坐落于某个卦象方位之上，那一间屋的风水会出现哪一种特征。我们亦可以找出当一粒星宿在某个时间飞到某个方位之上，那个方位的风水会出现什么变化，从而知道住在那里的人会发生什么问题。

飞星判吉凶

根据我的实际经验，飞星在每日、每时的变化所产生的影响很有限，而且我们总不能每天移动家中摆设去顺应飞星的磁

场 (虽然有些风水师的确这样做)，我认为这种做法不切实际。

而真正对整个宇宙气场造成影响的，是九星每一年的飞伏方位。所以大家只要找出家宅的山向，这是一个固定的方位，永远不会改变，除非你将房屋或大厦重建。然后再配合每年飞星的变动，你基本上已经明白如何摆设和布置你的家居。

当你明白这种布局的原理，你便可以令自己每天吸纳吉星磁场，将凶星的磁场化走，而不会无知地睡在大凶星的方位之上，每天吸纳病符黑气，令自己百病缠身，衰运接踵而来。

八字与命卦

除了找出家宅坐向和飞星方位，我们亦要找出屋主人需要哪一种五行，才能配合方位学去布置风水。

风水学上有一种"命卦"的计算，举例 1955 年出生的男性全部受九紫影响。这种计算当然极不科学，因为大家都知道，同年出生的人，每人的八字都不相同，所需的五行亦不相同。风水师如果不兼学八字，只用命卦去判定屋主的五行，便不能准确地掌握风水的布局。

我以下会详细解释九星和八卦与家居五行的关系，大家只要掌握这些资料，便能够马上解开风水之谜。

九星特质

◤ 一白贪狼星

一白贪狼星，五行属水，所代表的颜色是白、蓝、灰黑。

一白星代表水，套入家居生活之中，代表与家中厨房、洗手间的水位结下不解之缘。

一白星与鱼缸、泳池、河边有关，亦与米奇老鼠、猪公仔有关。一白飞星在运用的时候，影响家居所有与水有关的问题。

▌ 二黑巨门星

二黑是病符星，五行属土。这粒星在八运中代表病符、寡妇、死亡。

在日常生活摆设中，与陶瓷、杂物、砖头有关。风水好的家居不应摆放杂物，因为杂物代表土的五行。

家中的垃圾桶代表二黑，放置垃圾桶的位置影响你家人的健康。

二黑亦代表阴暗的地方，代表发霉、发臭的东西。二黑所聚之处很容易有灵界产生，这是二黑飞星的特征。

▌ 三碧禄存星

三碧星又称为是非星，五行属木。这粒星代表所有不漂亮、枯谢的花草树木。代表破烂、闲置的旧鞋、过期变黄的书籍，亦代表裂开的木地板、木门等东西。

▌ 四绿文曲星（文昌星）

四绿星五行属木，代表图书、生长旺盛的花草树木，代表家中有木造家具、木床、地板、木刻等。

三碧星代表旧鞋，而四绿星代表新鞋，代表你每天都穿着的鞋。

四绿星其实即是4只兔子，摆设兔子可以补充四绿的磁场。读书、写字都是文昌，小孩子功课做得好，老师盖上兔子，这只兔子其实即是文昌。

四绿星亦代表家中的吸尘器，这个秘密很少人知道。我之前说过，二黑属土，所有尘杂物属土，假如你家中土的磁场太旺，利用吸尘器可以将土的磁场降低。

如你本身的五行土太多，家中堆放了很多杂物，你又不经常吸尘，家中的风水便会变成极差，因为二黑、五黄等凶星全部属土，这种磁场亦是煞气所聚之处。

换句话说，保持家居清洁，其实就是风水学的最大要诀。一间肮脏的屋，无论你摆放多少风水物品，都无法令这间屋变成好风水。

因此干净的屋，已经符合了好风水的最基本条件。但人总喜欢舍本逐末，喜欢拿着罗盘研究一番，却不去好好收拾打扫家居。

◤ 五黄廉贞星

五黄星五行属土，这是唯一看不见的星，之前的星在物质形态上都可以看到，例如杂物代表二黑，旧鞋代表三碧，新鞋代表四绿。

但五黄这个煞是隐形的，你找不到一种东西去代表五黄，因为五黄是一项因果数，是宿世的因果使人要面对灾难，是一种最难平复的灾难。

五黄与二黑有共通点，凡污秽、埋积、潮湿、阴寒的地方都指五黄。

五黄可以通过理气去计算出来，一般人找不到五黄。当你学懂风水之后，你找出家中的五黄位，在那里放一串六铜钱，便可以化泄五黄煞。

有一个风水概念大家要知道，就是化泄不能用得太多，不要特别制造一串巨型的六铜钱，也无须一次挂很多串，化五黄只需用很少的金，只要刚好足够便可以。

六白武曲星

六白是偏财星，五行属金，六白代表所有金器、铜器、铜床等。八字要金的人睡铜床当然比睡木床好，睡在属金的方位便更加好。

有一种东西是极强的金，就是会发出叮当声的大铜钟，俗称大笨钟。除了钟本身属金，那金属敲击的叮当声是极金的声音。

金能泄土，可以化走五黄，你虽然没有挂六铜钱，但你在那个方位摆一个会响的钟，一样可以化五黄。

时代广场那个会响的大钟，就是金的巅峰之作，具有极强金的磁场。

除了钟之外，空调、冰箱都是极金之物。假如你本身需要金的五行，简单如摆一个大冰箱，将冰箱的温度调校至最低，或者装一部空调，已经可以马上令家居变成好风水。

但反过来如果你忌金，你家中的冰箱要尽量小，冰箱的温度亦要调高。以下的疾病都与太多金水有关，包括中耳炎、肾病、膀胱炎、肠癌、糖尿病等。

所有尖的利器如刀、剪、斧、锯等亦属金，我看见一间屋内某方位放了日本刀，我马上用飞星猜到主人最近要开刀，果然主人要在肠脏动手术。

在厨房放一个插刀座，上面插满刀子，这种摆设有极多金，金太旺会招致破损、开刀、出血等现象，大家不能不知.

七赤破军星

七赤星五行亦属金，代表刀光剑影、代表所有菜刀、剪刀等利器。

当行七赤运的时候，利器的摆设要分外小心，否则容易出问题。在七运中，看风水，首先要找出尖、利物件的摆设方向。

七赤亦主口，唱卡拉 OK、拿麦克风、都代表七赤，但假如你五行忌金，你不适宜唱卡拉 OK 或拿麦克风。

▐◣ 八白左辅星

八运中是当时得令的财星。每个人家中都一定有土，因为土代表财。

在家中放陶瓷可以增旺八白星，但这是指靓的土，例如工艺陶瓷、紫砂茶壶等。

土很容易与二黑五黄扯上关系，摆设的时候要很小心，这代表在家中摆设财位可以招财，但亦同时可以招二黑五黄。

因此有所谓财多身子弱，在飞星风水中可以看到这种关系。

▐◣ 九紫右弼星

九紫星是桃花星，五行属火。香港人经常犯这个煞，经常错误运用这粒星使桃花出现问题。所谓犯桃花，即是九紫星的错误运用。

九紫代表炉灶，炉灶代表火。你想有桃花还是希望避开桃花，要在炉灶落墨，炉灶与每个人的桃花有关系。

有一次我到一间屋看风水，那间屋采用开放式厨房，当我从走廊行出来，马上从镜中看到反映出另一个炉灶。于是我马上断定这间屋一定有两个女主人，亦即是丈夫的脑海中出现了另一个太太的形象。五行的选定我以下总结"金水木火土"五行所代表的家居物品和摆设。

▐◣ 金

代表所有金器、铜器、尖物和利器。金亦代表猴子和鸡。

有些人喜欢拜齐天大圣，理由是这些人欠金。

▌ 水

代表洗手间、鱼缸、米奇老鼠、猪公仔。家中水太多，洗手间、空调出现漏水的现象，亦即代表水位不健康。

要水的人家中的浴室要有浴缸，浴缸代表储水和水池。忌水人的适宜用花洒浴。

李泽楷的八字要火忌水，他接受访问时透露，他不喜欢沐浴，更不喜欢浸浴，他一边花洒浴的时候，一边要望着浴室里的电视，电视属火。表面上他很勤力要留意股市的变动，其实是由于他的五行要火而忌水。

▌ 木

代表所有木门、木床、木器、木柜、木地板及图书等。当旺的木代表吸尘器、新鞋、花草树木等。

失运的木代表不穿的旧鞋、枯谢的花草树木等，代表官非、是非。

木亦代表兔公仔和猫公仔。猫代表木火的五行，HeUo Kitty、加菲猫、招财猫等都代表木和火.

▌ 火

代表炉灶，而九紫离火代表桃花，所以炉灶代表主妇，亦代表主妇的桃花。

我们由此而明白，一个爱煮饭的主妇才是一个受欢迎的太太和母亲，主妇的地位才能够巩固。

一个失婚的妇人通常不会经常煮食，或者将煮饭的责任全部交给菲佣。于是菲佣有很好的夫运，但女主人没有夫运。

桃花亦代表贵人和人缘，一个经常入厨房宴客的人自然受欢迎，自然广结人缘。

如果平日从来不煮饭，你必须在其他方位或者在衣着打扮上尽量增强九紫离火。

你可以考虑每晚煲燕窝，煲燕窝代表将水减低，增强九紫离火，所以煲燕窝可增进夫妻感情，但你每晚煮公仔面给丈夫吃不能增进夫妻感情。

灶除了掌管主妇的命数，亦是整间屋火的渊源。如果家中的人需要火，便需要在厨房落墨去增强火的五行。

炉灶的火直接影响周遭环境的磁场，因此炉灶是火之巅。至于电饭煲、电水壶等电器用品，对旁边磁场的影响较轻微。

放在厨房的姜葱都属于火，姜葱的辛辣味令蚂蚁不喜欢走近，假如你放一片姜在厨房，姜的辛辣味会影响四周的气氛和磁场。

人亦是一个风水，假如你将姜或辣椒放在袋中，一样可以因此而改变你身体的磁场。由此可知要火的人可以在袋中放姜或辣椒去增旺火运。

灯胆是测试火的五行最直接的东西。灯胆是九紫离火，九紫的灯放在一白的水位，代表火旺将水压低。如果将灯放在土位，火能生土，土太旺会影响脾胃功能，造成胃热。

灯胆分成两种颜色，白色代表寒光，适合忌火的人使用；黄色代表热光，适合要火的人使用。

电话的充电器有很多火，那个充电的程序便是火的吸纳。将充电器插在火位，可以大量吸纳火的五行。

但假如你将充电器放在五黄二黑的土位，火能生土，你每天充电便不断增加五黄二黑，即使挂了六铜钱都化不去。

假如你将充电器放在一处要火的地方，例如九紫的桃花位或者八白财位，便可以一举两得。

现代人爱用电脑，电脑便是火的风水物。所有电器用品，包括电动玩具、红色玩具车，都是属火之物。很多人忽略这些东西，其实这些东西对风水产生很大影响。

所以我们要明白了解日常生活的事物，从实际环境去勘察风水，不能单靠飞星的位置去判定。

譬如，磁场的计算告诉我们那一个是水位，但如果那处地方摆了一盏很大的灯，你仍然将那个地方看成水位便是错。

我碰到很多真实个案，一个小孩子不肯洗澡，原来他忌水；一个小孩子坚持要用冷水浴，原来他忌火；有个小孩子对所有玩具都看不上眼，唯独喜欢将干电池当玩具，每天爱不释手，原来他的八字饿火；亦有另一个小孩只喜欢将玩具车掉到水里玩，原来他忌火的。

凡此种种，很多人眼中的古怪行为，用五行去解释，其实最简单不过。以那个不肯洗澡的小朋友为例，只要父母懂得为子女补充火的五行，那个小孩便不再恐惧洗澡。

▌ 土

代表二黑五黄，代表杂物、陶瓷。

杂物是风水的大忌。假如将杂物放在柜内，是否仍然算是杂物?风水上有所谓"眼不见不为煞"，而且木能克土，用木柜放杂物能使土弱，将杂物放在柜内可以减少五黄二黑。

易卦运用

▌ 坎卦

坎卦代表正北方，代表水的五行。

坎卦影响家中的中男，在公司里是董事长之下的总经理。

一白亦代表社会上的坏分子，因为一白在得令时代表官星，但退运之后，便代表退气的官员，退气的警察即是黑社会。

在家居摆设之中，鱼、猪、狐狸都代表一白。大家一定心想，我在家中怎会有狐狸?我有一次计算到屋主的衣柜内有一白星，打开衣柜一看，原来里面有一件狐皮衣物。

有另一种一白星是大家意想不到的，假如你只有一个儿子，哪一个是家中的中男或少男?原来儿子的玩具，例如超人迪加、巴斯光年，便是家中的次子。

坤卦

坤代表西南方，代表土的五行。坤卦影响家宅中的母亲。土掌管家人的胃。主妇能够煮出好的饭菜，丈夫自然喜欢回家吃饭，小孩子脾胃健康，活泼可爱，家庭自然幸福。

坤亦代表大肚的人，一个大肚腩的男性都属于坤卦。家中坤位凸出来，便有大肚子的家庭成员。要瘦身的人只要在西南方动脑筋便成功，不用花数万元去瘦身。

震卦

震代表正东方，代表木的五行。震卦影响家中的长子。一间屋缺东方角，代表这间屋没有儿子，即使有的话，这个儿子有很多病痛。这个卦亦代表徒弟、班长或同辈中的领袖。

在动物中，龙、蛇和马鸣都属于震。在现代社会中，马鸣即是汽车的响号声。外国曾经发生一件事，一群驾着车的人在总统府外同时响号，要求总统下台，这种情况代表是非星飞到东方，所以发生这种用响号去示威的情况。

◤ 巽卦

巽代表东南方，代表木的五行。巽卦影响家中的长女。这个卦亦代表山林道人、寡妇、僧道等人。

多年前我拜访中国九华山的时候，那里正兴建新的大雄宝殿。我发现这大殿坐东南向西北，即是坐于巽位之上，我告诉主持，巽位于七运中并非大利的方位。主持给我一个很有趣的回答。

他说："巽原为代表僧道，这一个本就属于和尚的方位。而且巽并非吉方，这一点正好切合和尚的身份，和尚就是丁旺两失之人，一个丁旺两得的人，怎能再当和尚？"风水在智慧人的眼中，是另一种哲学！

巽代表身体上大腿、盘骨与尾龙骨的位置，亦代表风湿病症。

◤ 乾卦

乾卦代表西北方，代表金的五行。乾卦影响家中的男主人，亦代表政府官员、名人、长者等。代表乾的动物是马、天鹅、狮子、大象等。

在身体上，乾代表头、骨、肺等部位。

兑卦

兑卦代表正西方，代表金的五行。兑卦影响家中的幼女，这个卦与色情结下不解之缘，代表妾、娼、明星、占卜、风水、翻译、巫山、奴隶等人。

兑卦亦代表被困，被困指两方面，一种是肉体的被困，另一种是心灵被困。肉体的被困，就是某一天当凶星飞到兑位之上，你突然遇上升降机发生故障，被困3个小时才被放出来。

心灵被困代表不开心，感到如囚笼中的小鸟，这一种是受兑卦的影响。

艮卦

艮代表东北方，代表土的五行。艮卦影响家中幼男，亦代表社会中的小人物，闲人、山林中人、童子以至小孩子的玩具都属于艮。

离卦

离代表正南方，代表火的五行。离卦影响家中的中女，亦代表穿年肖、穿红衣、配枪的人 (警察)、身体在流血或发热的人。离卦代表眼睛、血液和心脏。当凶星飞到离位，会经常出现血光之灾，女性容易患妇女病，男性容易弄伤手脚。

离位即是火位，亦即是灶位，太阳入屋的地方、明窗、向南方都属于离方。好了！这一章你开始明白，你家中的布局是如何的重要，而任何一物的放置，都在影响你的运！要看好风水，家中每一物均有玄机的！

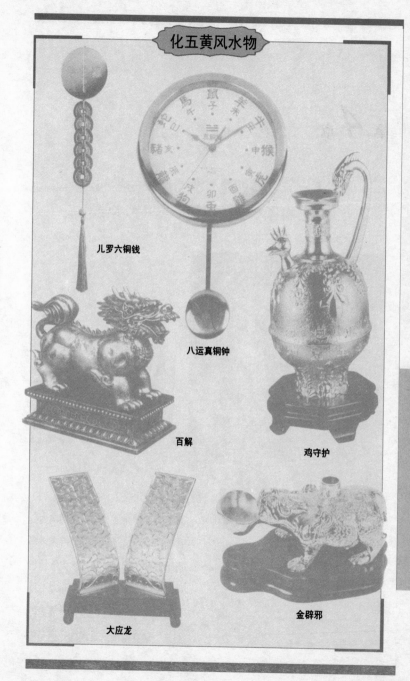

化五黄风水物

儿罗六铜钱

八运真铜钟

鸡守护

百解

大应龙

金辟邪

第 **4** 章

所谓风水，其实就是峦头与理气的学问。
峦头是环境风水学，理气是飞星风水学。

内外杂诀
应用妙绝

峦头学公诸于世	峦头胜理气
外峦头现代版	藏风纳气
风煞急凶财无聚	门床起纳福元在
背冲门坐无情亲	灶作妇持火燃事
五土拨水入零堂	金木水火五行位
火烧天门必犯长	色分冷暖季节殊
动静磁化电煞殃	门前开合镰刀煞
廊长气动穿枪刑	日夜凶光逃宅生

本篇内容

第四章　内外杂诀 应用妙绝

峦头学公诸于世

所谓风水，其实就是峦头与理气的学问。简单来说，峦头是环境风水学，理气是飞星风水学。

我之前已经概括地将风水的理念及专有名词向大家介绍，我现在将研究风水命煞学的心得，毫无保留地向大家披露。这是根据蒋大鸿外事杂诀及内事杂诀的记述，我将之整理后，成为有系统的风水命煞学。

这些是古人遗留下来的珍贵知识，原本已经残缺不全，我现在整理并公诸于世，使大家可以马上掌握风水学的窍门。

峦头胜理气

我有一个在加拿大的读者，他计了理气，将写字台背冲门口而放，以为向着八运方位，便可以丁财两旺，而且那个方位在流年没有凶星，于是设计了这个方式去摆写字台。

这一种便是中了理气毒，只懂计理气，却忘记了峦头。最后我教他将写字台面对着大门口，但在写字台的位置摆放风水物品去化煞。

大家要紧记，风水摆设首先看峦头，后看理气，再配合大的星运，最后才计算流年星运。

有读者问我，今年西方五黄煞，是否需要移动放在西方的写字台？

我的答复是："千万不能动!"以他的公司而论，整个大局的方位一定要向着西方，西方犯煞的话，只需挂一串六铜钱便可化去，无须将家具移动去迁就流年的方位。尤其是睡床，不要因为流年方位移动睡床，因为这种做法不一定对，甚至可能有反效果。流年的煞只需摆放风水物化去便可。

在峦头学上，座位的摆设不应背着大门口，假如你根据飞星认为这个方位才对你有利，有一个折中的方法，就是你在大门口与写字台之间加一块屏风或书柜，使别人绕过那屏障才可以到达你的写字台。不过如果你房间的面积并不大，你还是最好选择面向大门而坐，否则变成怪模怪样。

所以大家要小心衡量每一种摆设方法的利弊。

我的旧佛堂对面有一间甜品屋，店主很相信风水，找来风水师去设计，将收银机背着大门口摆放，原因是那个风水师计算理气，要收银机面向着财位，于是将楼面设计成背着门口。

这种摆法会导致一种情况出现，就是很容易被伙计穿柜桶，因为这种摆法代表公司的所有秘密都被公开，包括金钱上都会被人公开窃取。这个布局虽然面对着财位，因此生意可能不错，但公司的经营却会出问题，原因是这种摆法破坏风水。

所以为这间店看风水的人亦中了理气毒，忘记了峦头的重要。大家切记风水学要先有峦头，才有理气，以峦头为先，理气为后。

◆ 外峦头现代版

峦头有外峦头与内峦头之分，外峦头所指是屋外的环境风水，内峦头当然就是屋内的摆设。

外峦头对家居有很大影响，如：一些大型建筑物或大型交通工具，所发出的气场很强劲。以我的经验，现代最强的气场是卫星接收器，这种接收器利我不利他，意思是你的天台上安装了这个接收器，可以使你行大运。

理由是这个接收器专门吸收微波，微波对一座大厦或单位的气运有很大帮助，安装这只"大锅"可以使你行运。但对家的单位却会因此遭殃，即是看见你那个煞的人会遭殃。所以对于这一种现代的外峦头我暂时都很难下判断去说究竟是好是坏，总之是利己但会伤害到别人。

大家要知道，每一个煞所影响的范围大约是 5 层楼那么高，5 层楼以上的单位，基本上已经不受地气影响。

譬如你想知道，大厦对着的天桥对你是否有影响，计算的方法，就是与天桥同样高度的上 5 层和下 5 层受天桥影响，其他层数不受影响，这是经验所得。北角和富中心及部分城市花园，都有这种情况出现。

很多家庭如果窗门对着天桥，会在窗门之外加装一块反光板，但其实这种做法没有作用，因为汽车所带动的气流假设有一万个单位，那种动力不可能只用一块反光板或一个八卦便可以挡去。即使你将整间屋的窗门都造成反光，但屋外的磁场依然存在，依然会影响到屋内的人。

每逢这类单位的售价特平，因为你要付出健康作代价去交换。但这一种峦头，必须同时配合理气，因此家中对着这天桥不一定健康马上出现问题，要再研究理气去找哪段时间出问题。

假如那一年的凶星亦飞到天桥的方向，出事的机会便较大，否则不一定会出事。举例你搬进那间屋的那一年行一白飞星，之后行九紫、八白，然后七赤、六白，你一直都不会出问题，直至行五黄煞，才会发生问题，而六与七之间亦会出现交剑煞，有一定危险性，这是要视乎流年星是否飞到那个方位，才会应验那个煞。

因此并非天桥必定为天斩煞，必定对你造成影响，要视乎那个煞在哪个方位，而那个方位受哪粒星影响，才会真正成为煞。简单来说，不好的峦头还要配合不好的理气，才会出现问题。

但也可以这样说，如果没有坏的峦头，根本便无须理会理气，因为无论凶星降临在哪个方位，都不会造成影响，只要峦头做得好，便不受理气所影响。

◆ 藏风纳气

"纳气"指吸纳所有好的东西，以一间屋而论，大门口便是纳气口，即是所有好的东西都由大门口进入你的屋内。

有些家居，打开大门之后，正面对着是一列窗。假如纳气从大门进入屋内，而前面是窗门，即是所有纳气直入直出，根本没有机会让空气经过大厅进入走廊，然后经过房间，再到达最末端的主人房，换言之根本没机会让进来的空气流通全间屋，而只是直入直出，你家中自然不能藏风聚气!

所以每逢大门的纳气口，假如不能让空气顺畅地流通全间屋，便属于不好风水的屋。

何以要在空气进入的地方加一个屏风?作用就是让空气不要直冲出街，将原来直走的空气扭过来转向另一边，使空气可以经过全屋。

有一种屋的设计，屋的大门直对着客房的门口，而并非对着主人房门口。空气是直流的，假如住在客房的是你最年幼的儿子，换言之，吸纳所有纳气的是你的幼子，并非家中主人，造成幼子做了主人，由于受不住这种气冲，于是幼子经常生病。

方法之一是换房，但那一间只是客房，并非主人套房，换房有实际困难。

唯一的方法是，经常关上客房大门，让空气转入主人房中。因此你发现在某些情况下，客房的大门要常关着便是个中原因。

假如你长期打开客房门，你家中最幼的儿子吸纳所有最好的元素，但因为他年幼，抵受不住太好的东西，于是经常生病。这些便是我们在日常生活家居要留意的事情。

当你拥有这种常识，再加上飞星的吉凶，便可以在风水上作一个适当的判断。

风煞急凶财无聚

何谓"风煞"?在香港,风煞最厉害的地方是山顶地区。假如你到景华山庄,那里的风吹得很急很劲,每逢一处地方的大门口经常强风阵阵,一定不聚财,即是不能积聚到财富。

所以大家不要选择一些有风煞的地方。风煞亦指屋大家具少,这亦犯了风煞。举例你住在一间300平方米的屋内,大厅有50平方米,但你在厅内只放了两件家具,这样你的家犯了风煞。因为屋大家具少,空气的流通太强,这亦犯了风煞。

窗多亦犯了风煞。怎样才算是窗多?譬如一间屋内两边都是窗,你以为这样空气流通,但结果原来会令房内的人无法集中精神,因为两边窗口风不断对流,会令人心神不能安静下来。

内地的房子很喜欢两边都开窗,认为这样可以采太阳光,结果当天阴的时候,人们便不想工作,因为天阴没有光线,令人感到不愿工作。

香港习惯不采天然光,无论外边的天气怎样变化,香港人照样如常工作。简单来说,要知道一间屋是否有好的风水财运,看这间屋的空气与光线便可以了!

门床起纳福元在

"福元"是风水学上的专有名词，大家要认识这个词语。福元指出生年份所属生肖的三合局。

譬如一个生于马年的人，马即是午，午的三合局是"寅午戌"，这个人的福元是寅和戌。再举另一个例子，你生于申年属猴，申的三合局是"申子辰"，凡属猴的人福元是子及辰。当大家掌握了这套福元的学问，你已经可以挂牌做一个走江湖的风水师。

一个生肖属马的人，将家中的门及床坐于福元位之上，已经是一种极好的风水。你用罗盘找出家中的寅位和戌位，将床及大门设计在这个位置，这一种便是福元的布局法。

这个方法最简单不过，假如你睡在福元位，有一种很明显的功效，就是你会睡得特别好，这个称为福元位的意思，即是你有很安逸舒适的生活。

这个福元位亦是他日百年归老之后，骨灰盒可以摆放的位置。在现实生活中，福元位可以称为安享晚年位。在实际应用上，假如你利用飞星找出一些有利的方位，而其中亦属福元的话，你可以选择福元位作为你的首选。福元亦可以用作择日，如果你所选的山坟坐"午"向子，你择日便要择"寅"日或"戌"日是为好日。

三合在中国风水学上，是一般走江湖风水师最爱用的招式。所谓三合派风水学乃由此而生，这是一种民间风水学。

但现在我所教导大家的，称为"三元风水学"，乃帝王之学，是皇帝用以设计城堡去统治人民，与民间之三合哲学有所不同。

福元的用途受一种元素挑战，那就是时间的挑战。你不能知道这个方位在哪个时间最旺，在哪个时间不旺。原因你只能看到太岁，即是你的福元是戌，于是你将床放在戌位，但假如流年是辰，辰戌相冲，原则上你不能睡在戌位，要改为睡在寅位。

所以福元只利用太岁，即是出生年份去判定方位的吉凶，而每年的运程如何，是不能从这套理论去掌握到，不过大家一要知道福元的计算和运用。

◆ 背冲门坐无情亲情亲

何谓"背冲门坐"？举一个例子，你到一间公司见工。当你从大门进入公司的时候，你发现经理是背向着你，即是经理的座位是背着公司大门口而坐，这便称为背冲。

背冲代表无情，这个人一定在感情上有很多纠缠不清的瓜葛，将伴侣视作玩伴，在生意上，这个人对金钱既吝啬又挥霍。

这种背冲着大门而坐的布局，第一是让别人看到你的背后，即是让别人看通你的底细，容易被人"穿柜桶底"。

其次这种坐法乃逆气而坐，即是背着从大门流进之气，违逆进来之气势，不能"接气"。

灶作妇持火燃事

什么是"灶作妇持火燃事"?所谓"灶作妇持",即是每间屋的灶代表家中的主妇,灶亦代表火的五行。

我曾经说过一个主妇是否快乐,地位是否巩固,看家中的灶便可以知道。家中不举炊,主妇多数出现问题。

无论男女,家中的确要经常煮饭,经常生火。我认识一个导演,年过40仍然未婚,我为他看风水的时候,发现他家中欠了一样东西,就是他家中竟然没有厨房!他的解释很好,原来他母亲住在楼下,他每晚回母亲家中吃饭,于是他将厨房改成黑房,用作冲晒菲林。

结果他一直都找不到理想对象。1989年的夏天,他移民到了加拿大,数个月后,他致电回港,告诉我他要结婚了。何以他一到了加拿大便可以马上结婚,因为他在加拿大的家有厨房!

所以大家一定要在家中煮饭,特别是假如你生于冬天要火,你不经常生火煮饭会引致严重欠火。

我在此顺道提醒读者们,灶亦有很多忌讳,如横梁压灶,这是大家要避免的。那即是灶上不可有横梁,有的话一定不利。

在方位学上,灶必须向着吉星,稍后我会再详细讲解飞星,但大家现在要知道灶要向着吉星,越能向着吉星,代表主人越能够赚大钱。

五土拨水入零堂

五土指五黄煞，"五土拨水入零堂"是风水学上一种很经典的布阵，这种布阵叫"五鬼运财"，就是利用五黄煞找钱。

大家都知道，五黄煞是一种凶星，但风水学到了极点，是以毒攻毒，用最凶的星去设计风水局。这是一个很强劲的布局法，是否有效，我不在此下评语，因为这是险招。

何谓"拨水入零堂"？这是风水学上一个很常用的名词，大家先要懂得正零神的道理，那即是正神、零神，还有照神，这是属于理气的学问。

根据后天八卦，即是以五字飞入中宫去飞伏，在七运中，当令星飞到西方，西方便是七运的正神。正神适宜开门、纳气，亦即是在七运的时候，西边的门能够采纳当时得令的地运。

因此在七运中，西方称为正神，西边开门主大旺发。而对家的方位，即是位于东方的三碧星，称为零神，零神见水叫零神水，亦主大旺发。

在 1984~2003 年这 20 年的七运中，如果你住的屋在东面有泳池或海，这间屋称为拨水入零神，当然就是很好的风水屋。

以 2000 年为例，这一年的七赤星，即是主当时得令的七赤星飞入东方，零神水再加上七运，双喜临门，所以东面见水大旺发。假如你的写字楼在信和中心，东面见水，东面指香港的鲤鱼门，于是你可以赚大钱。

有一个很残忍的现实，就是假如你的公司的确在西边见水，站在风水立场，你的确要将那扇窗封掉，因为七运中西方不能见水。

七运再下一个是八运，八运当令星飞到了东北方，所以运的正神在东北方，在东北开门大发，在正神的对面，即是西南方，零神见水大旺发。换言之，由 2004 年开始东北方不能见水，否则大破财。

在八运之中，西南方称为零神，下一个九运的零神称为照神，即是未来运的吉位。

◆ 金木水火五行位

这是我经常提到的风水理论，就是整个住宅中最重要的五行位置，其实离不开东面属木，南方属火，西面属金，及北方属水。这一个十字线，亦即是子午卯酉线，是影响整间屋五行最重要的元素。亦即是木必然在东，金必然在西，火必然在南，水必然在北。

这种基本的风水概念大家要清晰，但假如你只根据这种方位去摆设，你必错无疑。譬如，南方虽然属火，但没有计算理气之前，不能笼统地说灶一定要摆南方，正如水池不一定要摆北方。

根据峦头，以上的方位是对的，但我们亦要计算理气，不可一概而论地说南方一定要生火，北方一定要见水。

 # 火烧天门必犯长

所谓"犯长"，这个长是指长辈的意思。天门指家中乾方，以九宫飞星去计算，乾方等于西北方，乾方掌管家中的父亲，亦即是男宅主。

"火烧天门"的意思，即是假如家中的横梁压着西北方，一定会触犯到家中长者的健康和运气。

所以火烧天门是极差的风水格局，除非男主人五行要火，又当别论。

还有另一个情况，由于洗手间代表污秽的地方，假如家中的洗手间在西北方，代表家中的男主人健康有问题，或者他会倾向喜欢看四级电影，总之这位男主人所作的行为或思想不受人所尊崇。

如果一个男作家所住的屋，洗手间在西北方，他所写的文章必定引起很多麻烦。

 # 色分冷暖季节殊

色分冷暖的意思是，家中内部装饰的颜色，有冬天与夏天的分别。

假如家中的人倾向于需要火旺，可以选择涂上粉红色、黄色、橙色、紫色等颜色。假如家中需要寒冷的色彩，便要选择蓝、白、灰、银甚至黑云石等装饰。

不同季节出生的人，可以在家居布置上采用不同的颜色。

我曾经提到，根据不同年卦去摆阵，不及用八字去摆阵那么准确。因为只根据年份，就是将全世界的人只分成12种，即是同年出生的所有男女，都用同一个方法去布阵。但假如你以八字去布阵，那是根据某人的出生年月日时去预卜，可以非常准确地掌握每个人的五行。

由于八字现时非常普及，大家应该具备八字的知识基础来摆设风水，比起用命卦去布阵优胜很多。

动静磁化电煞殃

电器本身分两种，一种是动，一种是静。动指会转动、走动的电器，如风扇、玩具之类。静指静态的电器，例如电热毯之类，那是没有活动性的电器用品。

一般人经常忽略了电器、包括电动玩具对风水的影响力，其实电器及走动的电动玩具含有极多火土，对磁场造成极大影响，大家要留意电煞这种看不见、摸不着，但对磁场造成极大干扰的隐形力量。

门前开合镰刀煞

一般人都不喜欢家中大门对着电梯门口，因为电梯门开合的时候，像一把镰刀，带有煞气。

以下的人可以住在电梯对面，第一是经常舞动剪刀的人，例如理发师或卖剪刀的人。另一种是从事殡仪馆业或者做医生的人，因为医生要为病人开刀。除以上职业，一般人不要住在电梯不断开合的地方。

廊长气动枪刑

穿枪刑是峦头上一个很常用的名词，叫"一条枪煞"。这些设计通常出现在一些酒店式住宅里，那就是一条长长的走廊，长廊末端是单位的大门口。

假如你在末端的屋内，长廊的气会直冲入屋，所以最普遍的做法，是在大门口加一块屏风，使空气向两边转弯之后才进入屋内，减少直冲的影响力。

这些常识说穿了，其实都是很简单的道理，大家在日常生活中要好好掌握和利用。

第四章 内外条诀 应用妙绝

日夜凶光逃宅生

何谓"日夜凶光"?假如你的屋位于路旁,路旁有一盏街灯,晚上即使你关掉全屋的灯,你的屋还是有亮光的,这一种便是日夜凶光。

我曾经看到柏景台一个单位,那间屋很漂亮,售价亦很便宜,但从主人房望去,只见到"保济丸"3个字的霓虹灯不停在闪动,没有人会愿意住在一间每天对着"保济丸"霓虹灯的房间内。

我小时候居住的一间屋,是百分百的日夜凶光。那是一间在平地上建造的房子,我住在地面的单位,屋旁边有一盏街灯照射着,这一种正是日夜凶光。

家的大门口面对着一条斜路,每天晚上当汽车从斜路驶上来,或者有汽车要离开的时候,车头大灯直射进大厅中央,这一种是真正的日夜凶光,是一种极不利的煞。

我在澳门亦有见过一间屋,被山顶上不停转动的灯光照射着,假如你所住的屋每晚都被这种光扫过,你正住在日夜凶光的屋之中。

总之,假如你关掉全屋的灯,但你的屋仍是有光的,便属于这一类凶宅,于是你要弃宅逃生。我以下为大家说一个逃生的故事。

后门先临顽脚疾

首先，我为大家解释何谓"后门先临顽脚疾"。

我小时候居住的那一间日夜凶光的凶宅，亦同时犯了"后门先临顽脚疾"的风水大忌。

所谓先见后门，就是那间屋除了正门之外，在偏角位置有后门供工人使用。那条街是双程路，即是来到这间屋的人，可以先见正门，但亦可以先见后门，才看见正门。而偏偏地铁站在后门那边，所以大部分人都先见后门，才见正门。

这间屋的后面有一个天井，天井又有另一扇门，用作清理垃圾之用，那扇门在屋的另一个转角，结果造成即使从正门返家，都依然是先见这扇天井门，才看到正门，而且天井门与后门都是对正马路口。

这一种情况便是后门先临顽脚疾，当时我父亲正是患上脚疾，不能站起来。

蔚为奇景

我父亲的八字有很多水，凡水太多的人，家中很容易水浸。

当时我家旁边正进行建筑工程，整段路搭了棚架，另一边是一条大渠。

1966 年 6 月 12 日，屋旁的大渠突然爆开，渠内的水如瀑布般涌出来，将路旁所有汽车冲到斜路下叠成一堆。当时接近 100 部汽车，被水冲至叠成像山一般高，是香港开埠以来的奇景。

那一年是丙午年，是火最多的马犯太岁。由于水太多，因此真的要逃宅，我要逃离家园去避水。当时住在隔壁单位的，是一个西藏密教的末代祖师。这个藏密祖师很有名，他死后的真身被运到台湾供奉。

现在回想起来，当时有一个很有趣的巧合，他住在西面，所学的是西密，而我住在东面，结果长大之后学了东密。

◆ 八字水灾

他的名字是吴润江，是西密很有名的祖师，从他的名字可以得知他忌水，所以喜欢拜佛，喜欢穿红色或咖啡色的衣服。他每晚都敲木鱼，因为木可以吸一干水，逢水多的人都爱木。

我父亲亦是水多之人，有一年他突然将家中的客厅油成芥辣黄的颜色。请留意，这一种正是典型五黄煞的黄色，但我父亲的水多要土，所以他并不觉得这种色有任何问题。

那一年我的家门口增设一个警察的签到站，每天晚上 11 时正，即是子时都有一个警察坐在屋前。

这个警察跟我们家很熟，熟的程度，他将手枪内的子弹取出，让我们见识那支真枪，那是我第一次接触真正的枪和子弹。

警察是属火的职业，因为枪是火，衣服的绿色属木，木能生火。何解海员没有枪?大家现在便会明白。我曾经为一个女警批八字，由于她的八字水极多，我狠批她的职业是当警察。因为当一个人的水多至极点，便要当警察来自救。

假如你不要火，但你要当警察，于是你考不到正式的警察，却变成当了海员，因为海员没有枪，而且海员要留在海中，连制服的颜色都不是绿色。

那一次的水患，是因为我的父亲和吴上师都是水多之人。当时的水从厨房涌入，厨房是火位，火被水淹，于是整间屋都被水淹着。

◆ 环境即是风水

从这间屋，我们看到后门先见的弊端，亦看到一个水多的人自然会吸引火多的人去增旺他。那个警察的出现正是要增旺我父亲的火。

加上所有汽车都在我屋的空地掉头，我父亲欠火，而汽车是火，所以不断有汽车在我父亲的睡房前停留，这一种其实亦是风水。

每逢刮风落雨的时候，屋旁的竹棚左摇右摆，大家坐在屋内都害怕竹棚倒下会压着我们的房子。由于水多需要木来吸干水，结果那竹棚真的倒下，有几枝竹直插进我们屋内。

从风水学的角度，这一间屋便是最典型的"日夜凶光逃宅生"，"后门先临顽脚疾"。

由此可知，当你要为一间屋看风水，其实屋外的环境就是风水。例如一间屋的南方经常泊了一架红色车，这一种便是风水。

水火相冲梁花树

"水火相冲"是指你家中的水和火不可以做对家。很多家庭都犯了水火相冲，如你煮食的炉对着洗菜的水池，这亦算是水火相冲。

如果水龙头旁边就是灶头，中间最好隔一块云石，否则水会溅进炉内，炉中的火又会影响旁边的水，是以两者中间要有阻隔，免致水火相冲。

我有一年在武汉碰到一个家庭，家中的男主人和女主人都招惹了桃花。我到他们的家中一看，原来，他们大厅的天花板，全部缠满了塑胶花作为装饰，这一种就是"梁花树"，是一种桃花煞。

大家切记，在屋梁之上种满了花草等植物，是一种凶煞。

鱼水定位八宫查

这个煞并不准确，意思即是家中有鱼缸的话，可以根据八宫的方位去摆设，这种理论现在比较少运用。

由于东方代表木，在东方放水，水生木，会泄去水气，根据这个理论，东方不能摆水。

南方属火，在这个地方摆鱼池，水火相冲，不是一个正确的方位。

如果摆西边，原则上是可以，因为西方属金，金能生水，在西方可以摆鱼池。但根据八运，西南方为零神位，零神见水是大旺发。所以，鱼缸最好还是摆在西南方。

或是北方放水，也很理想，而且北方属水，可以互相配合。但大家不要千篇一律地去用这种方位学去布阵，因为这种方法太笼统，欠缺精确。

◆ 入宅先问先前人

"外事杂诀"中告诉我们，入宅之前不要只管一味学习飞星和理气，有一件事情你一定要知道，那就是你要知道从前有哪些人在那间屋居住过。假如你碰到一间又便宜又漂亮的屋，这一间屋极有可能是凶宅。

凭我过去的经验，有两点大家要留意，第一是不要用上一家人遗留下来的床。假如上一家是因病过世，你睡在同一张床上，那个磁场依旧存在。

第二是不要用别人遗留下来的空调。因为当空调一启动的时候，之前那一家人的气味，全部从空调中涌出来，于是你每天在吸收上一手剩余下来的感冒菌和所有疾病，这一点大家要留意。假如你真的要使用，用之前要找人将空调彻底清洗干净，但最好还是买一部新的空调。

◆ 三五凶城换天心

何谓"换天心"？这是指从前的旧屋，三五指15，即是超过15年没有人住过的屋，要将天心换去，意思即是将家中正中位置换掉。

从前的人住在一间独立屋之中，做法是在屋顶开一个洞，让太阳光可以直射进屋内正中位置，这个位置叫天心，即是屋的正中央。让天心这处地方可以见到太阳，此称为"旺天心"，可以重新生旺这间屋，然后将那个洞重新补上。在20世纪80年代的时候，我有位朋友买了九龙塘一个单位，由于已经超过15年没有人居住过，朋友将屋顶拆去，让太阳晒了七七四十九天，才再动土装修兴建。

我曾经看过一间建于1959年的屋，位于太平馆附近，有一间发廊将2楼改成落地玻璃，在那里启业。

那一间屋建于20世纪50年代，属五运楼，发廊营业的时候是七运，即是那层楼已经退运。如何令那个住宅可以再次兴旺？现代人的做法，可以将整个地台掘起，重新再铺造，然后在屋中央烧炮竹，或者到郊外最旺的地方，取新鲜的泥土放在屋中央以红布盖着。最有效的方法当然还是烧炮竹，或者在屋中央烧衣，将屋重新再烧旺，这是由于现代人不能将屋顶拆去让阳光直射进来，所以创作这些方法。

实际上，并非空置 15 年的屋才进行这种换天心。总之，凡是迁进上一手曾经住过的旧屋，都可以将屋中央的地板起出来全部换过，因为这些屋已经退运，要住的话最好重新装修和更换地台。

◆ 贵屋从来方正局

大家都知道，一间屋最好是正方形。假如不幸你所住的屋有缺角，代表你对某种五行或运气有所欠缺。

我现在教大家如何补救缺角。

相信大家已经都知道九宫八卦的布局法。

假如你家中缺了东角，你想添一个男丁便很困难。补救的方法，你在东方种花，或者摆兔，或写一"震"字。以我的经验，摆放兔子最有效，这是风水学上的不传之秘。总之，摆兔或者摆一对鸳鸯，都可以补救东方的缺憾。

东南方缺角，一样可以在那个方位种花草树木，长远来说，在那个位置摆一条龙的公仔，可以补东南角。

大家要记着，补角是你真的有此需要，例如你很渴望添男丁，于是你在东方角多做点工夫，但假如你无此要求，不用下特别工夫，因为你不一定希望得到那种东西。

缺南方可以摆马，或者摆放红色玩具汽车。

缺西南方可以摆羊，或摆紫砂茶壶及陶瓷。

我要再次强调，这是当你有需要去补充那个方位五行的时候，假如你本身忌羊，便不适宜再摆羊。

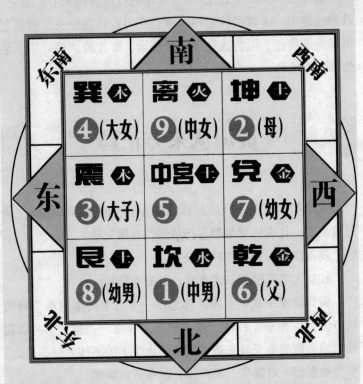

 内含: 东南 南 西南 东 西 东北 北 西北

巽 木 ④(大女) 离 火 ⑨(中女) 坤 土 ②(母)

震 木 ③(大子) 中宫 土 ⑤ 兑 金 ⑦(幼女)

艮 土 ⑧(幼男) 坎 水 ①(中男) 乾 金 ⑥(父)

九宫八卦图

    从此图我们可以看出，发官中不同宫位及卦位都代表家中的一位家庭成员。根据此图进行布置，便可以补足家中所缺的角，改变家人的现状。

    西方要摆铜鸡一只，去补充兑位。

    西北方属天门位置，可在那里放狗的公仔。

    北方可以养一缸鱼，去补充坎卦，或者摆一幅钟馗招蝠，这是一幅钟馗旁边有一只蝠鼠飞来的图画。

    东北方代表幼子，在东北方放一个牧童骑牛的陶瓷，可以补充东北角的卦气。

龙虎相登贵上才

"龙虎相登"的意思是，左青龙右白虎要平均，如此才可获得"贵上才"，这个道理相信大家都很容易明白。

白虎献媚淫事旺

假如一座大厦的龙边是绝头路，但虎边的路一直伸展至很远，即是青龙短、白虎长，这种局在风水上有一个名堂，叫"白虎献媚"，又叫"白虎献花"。白虎代表女性，这代表家中的男主人有很多女性，这不是一个好现象。

双水胯形夜夜邪

我在深圳见过一间屋，当站在屋前的露台，刚好对正一条V字形的路，V字尖端直冲向露台，这一种是淫邪之屋，那个V字像女性将两腿伸开，称为"双腿胯形夜夜邪"，即是屋外所见之路如女性胯下，这一种是不佳的风水局。

明堂拨水卸难有

"明堂"即是你家前面对着的地方，两边是青龙白虎。"明堂拨水"的意思，即是明堂中有一处地方将水卸走，这当然不是一种好的风水。

譬如铜锣湾的金朝阳中心，这座大厦的风水有一个名堂，叫"七星打劫"，即是进来这座大厦的人，都被大厦内的商户洗劫。

这个局叫"七星打劫"局，专门抢这一区的财富。

抢劫、洗劫的意思，当然并非真的打劫，意思是可以抢到很多客户的光顾和莅临。这是风水上的一种布局，而金朝阳的明堂，就是时代广场前面的空地。

如果空地中央增一条路，便会卸了明堂之气，聚不到风水。明堂前有的士进来，可以聚气，如果不准的士进来，便会影响纳气。不过风水到了最后都受人的运势影响，以我自己为例，我发现无论我迁到何处，那块地方都自然会成为风水地，愈来愈兴旺。

山环水抱总是情

这是指屋前的路围绕着你的家去走，例如有水从屋前绕到屋后再走回前面，这一种便是"玉带环抱"，是好的风水。
"有情"便是指夫妻恩爱，有情有义了！

◆ 反弓路射反弓水

但假如你屋前的路像 U 字形般，没有环抱你的屋便离开，犹如一个反弓，意思即是取走你的东西，这是一种不好的风水局，称为"反弓之水"。

◆ 破败墙垣破败地

铜锣湾时代广场附近亦有此"破败墙垣"，那就是指一些二三层楼高的旧楼，令整个区看去像颓垣败瓦，幸好那些旧楼仍有人居住，没有荒废。

有一处地方是真正的"破败墙垣破败地"，那就是三越百货公司对面的一堆旧楼，屋内的人已经全部迁走，但那些旧楼仍未拆卸，当中有些玻璃窗已经破坏，当然亦没有人会再去修补。每逢有玻璃窗破裂，代表破败墙垣，会影响你本宅的风水。

所以对面屋的玻璃窗破了，与你绝对有关系。

庙寺塔冲平常宅

如果你住在庙宇附近或旁边，或见到塔，这一间都是"平常住宅"，即是并非好风水的屋。

香港的所谓塔，即是例如中环大厦、信和中心等尖形的建筑物，都可以称为塔。

不要以为望到塔便代表获得文昌。一般来说，不要太接近塔，包括接近寺庙都不是好风水。除非你的八字要火，这是例外。

孤峰独傲僧尼舍

"孤峰独傲"指一座大厦明显地独立于四周之中，有一个大家很熟识的人住在孤峰独傲之中，就是黎明。他搬进跑马地一座最高的建筑物之中，那一座就是孤峰独傲。

所以他一有绯闻便麻烦多多，因为住在这座大厦只适宜做和尚，代表孤独。

假如你并非住在这种大厦内，但你家中的窗望到这种环境，那么你的屋都称为"孤峰独傲"，即是你望到亦同样有问题。

望到这种大厦，或者住在大厦里面的人，有较大机会成为僧尼，即是经常过着孤独的日子。

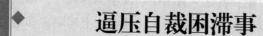

逼压自裁困滞事

所谓"自裁"，即你在屋顶加上假天花板便称为自裁，即是你自己将某些东西裁走。因此封假天花板原则上并非好风水，但有时我们被迫要这样做。

有些人在大厅做假天花板，然后将所有灯藏在灯槽内，这一种便是自裁，是不好的布局，理由很简单，当你坐在下面的时候，全部变成横梁压顶。

逼压所指是有些人在大厅中央隔出另一个房间去居住，这种便是逼压的峦头。如果那间房有窗，那个人或许有机会结婚。如果住在厅中间没有窗的房内，那个人一辈子都不能结婚，或者会做寡妇，一辈子独居。

曾经有一间屋，在大厅中央隔了一间房，这一种当然是"逼压自裁困滞事"。

但住在这间屋的人赚大钱，这间房很细，一个人睡不进这间房，而且天花被熏黑了，原来这间房是用来养鬼仔，是用来给鬼仔居住的。大家千万不要模仿。

"逼压自裁困滞事"的意思，这是说到住宅的空间是最重要，切勿将空间左割右割，令空间变成很挤迫。

从前的老人家很喜欢在厅中央又再隔出另一间房，这间房有窗的话还好，假如没有窗，便是孤婆屋，你的女儿住在那里，一定40岁都嫁不出去，除非那一个是菲佣或者伙计，

第四章　内外杂诀　应用妙绝

嫁不出去对你有利。

"自裁"的意思，大家不要用无谓的装修去将空间减少。一间屋最好的间隔，就是只有厨房、洗手间和大厅，而大厅要尽量的大。假如你的厅已经不大，还要加上间隔，即是自裁，便会严重影响风水。

厨房最好是独立一间，风水学上不主张开放式厨房，理由是中国人煮食油烟较多，开放式厨房使整间屋都嗅到油烟味，这是味煞的一种。假如你晚上睡觉的时候仍然闻到饭菜味，当然对健康不好，而且家中长期积聚油烟，对环境和卫生都有不良影响。

大家不要在家中制造逼压和自裁，否则会造成生活上有很多困滞之事。

◆ 穿射割飞离祖泽

如何得知一个人会离开祖家，或者离开父母亲?大家要知道何谓"穿射之水"。浅水湾有一座楼是"穿窿"的，这是穿射的一种。

"割飞"的意思，即是你家的旁边刚好有一个苦蓬，当下雨的时候，雨水刚好顺着苦蓬的顶飞溅到你家中，此为飞射之水。虽然那些水不一定真的溅入你家中，但那些飞水的方向是冲着你家，对你会造成不良影响。因为平日的气场，也是这样扑向你的!

加上这种水催旺了一种气流，当早上太阳直射下来的时候，在倾斜的苦蓬之上会形成一个反射，像一把刀插向你家，所以是一种煞。

如果那个位置刚好对着东边或西边太阳更加不妙，因为每天都有这种强烈的反射插向家中，东西方特别应这种煞的存在。

"穿射割飞"还可以包括很多环境因素，类似你的屋对着大马路，都会有一种气流直冲向你的家中。虽然那条马路会转弯，但都仍然是穿射的一种，即是直接有一种气流冲向你的家中。

在大城市中我们经常都会遇上这些情况，这些煞是古人遗留下来的心得，我们可以作为参考性的资料，加以贯通和运用。

◆ 唇边嘴角风云地

以时代广场做例，时代广场旁边的一撮店铺，称为"唇边嘴角"。唇边嘴角并不是好的风水，代表运气不能长久，来得快，亦去得快，不断兴替转换。

唇边嘴角所指是位于边皮的地方，譬如你住在康乐园，你很容易住在唇边嘴角，即是你的屋刚好对着一条路的弯角处。假如那条路是环绕着你的家呈 U 字，这一种是玉带环抱，是好的风水，但假如那个弯角经过你家后便直出，这一种便是唇边嘴角，是不好的煞。

唇边嘴角的不好之处，我们又称为"割脚煞"，大家可以站在刚才提到的时代广场旁边的拐弯处，亲身感受一下何谓割脚煞，那就是每逢有汽车经过，汽车刚好在你脚趾前两寸掠过，这一种便是割脚煞。

前低后嵩嗣有德

这个"嵩"是指嵩山，意思是可以令子孙得到福荫。

我先说何谓"前嵩后低"，即是当你进入一间屋，要先落楼梯，然后才到达那间屋，这一种不是好风水的屋。

反过来，如果你要先上楼梯，然后才到达那间屋，这是属于好风水，因为这是"前低后高"，若"前高后低"便不好。

过去有很多建筑物都是依山而建，较常见的一种是屋前先建一个平台，然后再建屋，这一种是先低后高，是好的布局。

但有另一种是先建了一个高台，高台之后才是平地，这一种是先高后低，是不好的布局。举例在飞鹅山花园，那些复式单位的设计，是先到达高地的平台，即是大马路建于天台，住客从天台下车，然后向下步回家中。

有些设计甚至下车后，住客乘电梯向下返回住所。有一个名人所住的屋正是这样，结果他破产入狱。有钱人亦会住错屋。

四正水催桃花事

"四正"指四正位，即是子午卯酉4个方位。在子午卯酉4个方位上如果见到有水池、泳池，或者任何水动的东西，都代表这间屋容易有桃花。

　　无论你的屋坐于任何方位，总之你用罗盘找出子午卯酉4个方位，假如这4个位置有水池、水龙头，或河流，都代表四正位有水旺之物，代表桃花旺盛。

　　这种桃花特别应验在以下4个坐山的单位，那就是：

"四正位"去水来水示意图

　　"四正"指四正位，即是子午卯酉4个方位。在子午卯酉4个方位上如果见到有水池、泳池，或者任何水动的东西，都代表这间屋容易有桃花。

　　何谓"去水"和"来水"？当下雨的时候，你看水从哪个方向涌来，那个方向便是来水。去水就是你发觉水会流向一个较低的位置，那个位置便是去水。

　　假如坐山是兑（西），来水的方位在卯（东），去水方位在午（南），这一间便是典型的桃花屋。

　　看风水到达更高层次，尤其要为阴宅看风水的时候，有时要带备一桶水到山坟，理由是肉眼无法看到水的去流方向，要真的倒一盆水，才可以知道水向着哪个方向走。如果适逢下雨，便可以知道那块地的水向，所以从前看山地不只看一次。

首先当然要在日光的时候看一次，找出太阳光线的位置，及找出旁边有哪些工程在进行，例如山地面对一个水塘，这原本是好风水，但你假如发现原来每天有人在那里钓鱼、抽水，或进行挖掘工程等，你发现这块山地的子孙有可能患上神经衰弱，甚至要入精神病院。

我在福建泉州看过一个风水，日间看到有人正在进行吸水工程，这当然是风水的大忌。过了几天，下起大雨来，再看不到有人开工，却发现原来旁边的污渠当水涨后，污水不断涌出，这是在晴天无法看到的景象，就是原来下雨时，污水不断涌向墓旁。因此看阴宅是很复杂的程序，要在不同天气去观察四周环境，是一门很高深的学问，并非单从书本可以学到。

阳宅的风水比较易看，因为阳宅的风水一定是日间去看，晚间不能看，理由是晚间不能看到屋外的布局。

我有一次到外国看风水，那里的人不知就里，安排了晚上的时间让我看风水，结果我唯有推掉所有的安排，因为晚间是不能看风水的。

譬如当时有一个单位是屋后有个树林，树林内有一个大水池，那一次由于在晚间观看，根本看不到林内有个水池。我当时只能从风水理论上估计到林后理应见水，但肉眼上看不到有水。

日间看风水的另一个理由是，人在日间比较精神，能够以较好的状态去占算。风水的准确，有很大程度决定于风水师当时的精神状态。

红花垂柳两情对

　　大家先要搞清楚何谓桃花。桃花有 3 种，第一种叫"墙内桃花"，这是指夫妻之间的桃花，夫妻间非常恩爱，这一种便是墙内桃花。"墙外桃花"指正常感情以外不正的桃花，我以上提到的四正桃花，包括墙内及墙外桃花，所以这种桃花不一定好，亦不一定不好。

　　第三种桃花代表添丁，没有桃花便不能添丁。还有第四种桃花，这种桃花即是人缘，假如你从事娱乐圈，你必须有桃花，才可以得到拥趸的支持，这一种亦称为桃花。

　　黎明所以受欢迎，因为他有桃花，但最近他的桃花转弱，因为他搬进一座孤峰独傲的大厦之中。如果他继续住下去，他的事业可能会出现问题。

　　台湾有一个单位，大厅和睡房对出都是大露台。我建议主人在大厅的露台种 9 盆花，并用红纸包着花盆，他听到提议后，打算在睡房外的露台都种花，我马上制止，原来睡房一定不可以种花。

　　每逢睡觉的地方种花，一定情海翻波，特别是攀藤植物，凡睡觉的地方不能见此类植物，如有红色花更加容易出问题。

　　因此种植花草树木有一个哲学，开花的植物虽然漂亮，但并不能构成良好的空气。要家中有良好空气，最好种植不开花的植物，例如万年青、铁树等，那些才是最好风水的植物。在风水立场，种花的目的是为了空气好和聚财，要达到这个效果，最好种没有花的植物。

假如你种花的目的是为了观赏，你必然会种一些漂亮的花，有花的植物一定旺桃花。大厅可以种开花植物，但睡房只宜种没有花的植物，除了因为桃花的理由，花亦会发放花粉，会令人过敏或得花粉症，所以睡房只能种没有花的植物，甚至最好不种。

红花一定会招爱情，而垂柳一定是不好的爱情。香港很难见到垂柳，但如果你种的植物就快枯死，垂头丧气地摇风摆柳，这一种亦是垂柳，两枝垂柳相对而泣，就是这个诀所描述的情景。

我有时看风水亦会看花，如果一开门见到那些花像垂柳般快要死掉，代表这间屋的风水有问题。花旺的话，代表这间屋的风水也兴旺。

这里所指的红花尤指中国人的牡丹花，以及攀藤植物，大家要小心不要随便种植，同时不要让花垂下来，如哭泣的姿态，对风水有不良影响，因为这代表二人悲戚相对。

形象煞寻形象业

这个诀的意思，是你所住的地方，在形象上不要见到不吉祥的东西。

古代有一种叫"形相学"的风水，这是当在形象上你感到那间屋有问题，即使有很好的理气，那一间仍然被视为风水有问题的屋。

曾经有一间屋，原本风水上很好，外出是一个泳池，但那个泳池是长方形，形象上犯了"棺煞"，加上池底的阶砖竟然砌出一个十字架形，你的窗门每天对着这个棺煞，感觉是极不舒服。有些家居对着教堂的十字架，这些都属于煞。

◆ 呼形喝象

风水学上有一个名词叫"呼形喝象"。一个很普通的小山丘，你感觉那个山的形状像一只狗，你呼它为狗仔山，自从你呼它为狗仔山之后，这个山有了灵气，逐渐地这个山会愈来愈像一只狗。所以风水师可以将山呼成龙头山、鸭头山、猪尾山等诸如此类，风水师愈权威，那个山的山灵会愈加显现出来，会变成所呼的那个名字的模样。

惠州有一个狗仔山，自从被某个风水师点名为狗仔山之后，那个地方的治安愈来愈差，因为狗仔代表所有不正气的东西都在那里发生。惠州的治安所以很差，因为处于惠州山脚。

以前香港的九龙何以称为九龙?这是因为有一个风水师看到山上有9条龙，所以呼喝此山为九龙，从此这个地方称为九龙。

而太平山顶像个香炉，所以被称为香港，这些名字就是由此呼喝出来，称为呼形喝象。

大家要认识这一种呼形喝象。有一种情况，是在风水学上，峦头一百分，理气一百分，但由于形象上见到一个煞很碍眼，于是迫不得已推翻所有结论。

正如刚才提到的泳池，一般长方形的泳池在形象都犯了棺煞。假如两个正方形的泳池放在一起，当一只狗经过，便会成哭字，不过外国人很喜欢这种两个正方泳池的设计，因为他们不懂风水。

在泳池的形态上，腰润形的设计，即是阿拉伯数字 8 字的葫芦形态是最好，这种形态有利医生，小孩子在这种泳池游泳，将来当医生的机会也会提高!

◆ 滴血煞

你住的屋经常听到滴滴的水声，原来楼上经常有水滴下来，这一种称为滴血煞，是不好的风水。

◆ 灯柱煞

最多形象煞是指灯柱，内地此煞尤为严重，因为内地的电线拉得很差，那些电线完全外露，家居大门口对着电缆都是煞。在内地，这种煞最大!

◆ 旗杆煞

其他煞都是形象煞，香港比较少见到旗杆，属木而不够木的人会喜欢在公司立一支旗杆。旗杆最好放 4 支，可以用以化煞。

但如果家居正门对着旗杆，这便是不好的风水。

◆ 古树煞

树木最影响家居的峦头。树一定要壮旺，枯树当然代表风水出问题。基本上树最好种在左手边，即是青龙位。如果树愈长愈大，变成树阴遮着家居，这一种便是最好的树。

除了以上之外，亦有镰刀煞、品字煞、天阴煞等等。这些是比较显浅易明的煞，大家不难捉摸这些煞的含义和运用。

病死堂灵病死途

这句话的含义，是家居内每逢阴暗和五黄煞飞临的地方，一定有灵界聚集，而曾经有人死亡的屋亦通常代表风水不佳，凡有此种种事情发生的屋，都属于凶煞之屋。有人死亡的屋当然不会是旺屋，但被火烧过的屋会真的较兴旺，因为一间屋被火烧后，屋的磁场会重新改造，而火最能够将磁场全部扭转过来。所以火烧旺地是有根据的，尤其对于欠火的人，进入曾经被火烧的地方，的确会特别兴旺。

从前旺角有一间很兴旺的舞厅，一场大火将几位舞小姐和看更烧死，此后没有人敢在那里营业。业主将单位廉价租给一间电影公司，结果电影公司拍了几套很卖座的电影，这一种便是火烧旺地，加上电影属火，在那里搞电影非常适合。

风水绝学

以上是关于峦头和形象的风水学，这些都比较有趣味性，大家可以很轻松地学习到风水学的基本原理。

但风水最难学是理气，大家亦不能不学，因为理气是风水的绝学。峦头学固然重要，但峦头和形象学，并非风水学的精华，风水学的精华在于理气学，有如画龙后之点睛，是打通风水脉络的重要学问，乃风水学中最珍贵的部分。只要慢慢研究，也十分容易上手的!

第 5 章

看一个三元地理的风水，第一点要知道的就是，现在所行是什么世运。

山星向首

正零水就

本篇内容

第五章　山星向首　正零水就

二十四山星向首飞伏要

现在开始教导大家飞星进阶的深一层理论，这部分称为理气学。

我们要看一个三元地理的风水，第一点要知道的，就是现在所行是什么世运。由2004年开始，地球进入八运之中，七运成为退运，这一点大家必须知道。

从飞星上去测试一间屋是否令你行运?你所坐的位置是否这间屋之内最旺的位置?目前你睡觉的地方是否全屋最旺的方位?你公司的写字台是否放在公司最赚钱的方位?这些便是风水的绝学。

所谓旺位的意思，假如你上课的时候坐在旺位，老师说了10句，你可能吸收了12句，但你坐在差的位置，老师说了十足，你只能吸收两成。

所以风水可以应用在任何地方或事情上，我会很详细讲解这风水二十四山的用途，亦会尽量活学活用，会利用与大家有切身关系的事物去解释风水的含义.

四大基本元素

大家首先必须有罗盘。我一开始已经教导了大家坐山的勘察法，即是如何找出你家中的坐向。

你找坐山的时候，必然亦会出现向水，即是你家中所向的方位。

风水永远都是根据坐和向，再加上运，这个运就是指三元九运之中的那一个运。

你要看一间屋的风水，先要集齐3种东西，第一是坐山，第二是向水，第三是运，即是三元九运，这3种元素组成了整个风水的最基本3条支柱。

然后再加入另一种元素，就是流年飞星。

如七运是指从1984~2003年这20年之间的地运，这种地运的吉凶维持20年，但这20年之中的吉凶并非每年都一样，而是每年亦同时受流年飞星的影响出现起伏高低，因此找出地运的同时，亦需要找出每年流年飞星的位置，去更加准确地判定方位的吉凶及每年的运程。

换言之，风水是你掌握到坐、向和运3种元素之后，然后再加上流年飞星，便可以准确地判定风水的好坏与布局。

流年点穴

我只提供大家流年飞星的方位，没有真正到你家去为你看风水，你家中风水要你自己去看。

家宅的坐山向水有24种组合，但流年飞星每年都会变更。换句话说，你家中的坐山向水要你自己去计算，而每年的风水物品是为你点穴，告诉你流年飞星如何化解、如何采纳。

在流年飞星中，大家都知道要找出五黄、二黑、三碧等凶星的位置，然后将之化除。但你家中的五黄位究竟在哪里？

例如今年的五黄在南方，这一种只是流年的五黄，你家中坐山的五黄在哪里？向水的五黄在哪里？当你找到家中的五黄位，然后将风水物品摆在你家中的五黄位，便可以真正化掉你家中的五黄煞。

当你了解风水之后，你可能将铜钱放在西方，理由是你家中坐山的西边有五黄煞，或者放在东边，因为向水亦要化五黄煞。

当你学懂风水之后，你可以真正化去所有煞。

所以正式的风水是坐山、向水、地运、流年飞星这4种东西加起来，这个风水是100分的风水。

何以你要学风水？这便是风水的最大宝藏，那就是你能够找到化五黄二黑的最佳方法。假如你放了风水物品，仍然化不走官非，理由就是你家中本身都有三碧星，必须将之化掉。而流年有飞星吉凶的变化，屋本身亦有飞星的吉凶组合。

飞星断事

当流年星飞进屋内的时候，与屋内的飞星会产生化学作用，例如一白与四绿星走在一起，会变成文昌星，即是星与星之间组合之后会产生变化。这种飞星学问的研究，称为飞星断事。

这种道理跟八字一样，戊癸走在一起会合成火，这种变化便是大家要学的东西。例如你眼前有一个苹果，但你触摸它之后，才发现原来那是一个蜡造的苹果，这个苹果原来是火，于是这个苹果马上变了质，风水最难学就是如何变质，但我会教大家怎样去变。

八运盘

我以八运做例，大家先起出八运盘，即是以"八"字为中宫，找出九星飞伏的方法。

八运盘

八运盘，即是以八字为中宫，找出九星飞伏的方法。

八运盘是所有 2004～2003 年间建筑的宅运盘

先起出八运盘，这是为家宅看风水的第一步。

罗盘二十四山

用罗盘对准大门口，用我之前教导的方法，找出家宅的坐向。举例一问屋是坐北向南，北方是坐山，南方是向水。

相信大家仍记得我之前介绍的二十四山，即是罗盘上所显示的东、西、南、北、东北、东南、西南、西北 8 个方位，这个方位由 8 个卦象代表，每个方位又再分成 3 个方位，例如正北方的坎位分成"壬子癸" 3 个方位，合共 24 个方位，称为二十四山。

大家再重温这由 8 个卦象所代表的二十四山：

坎卦代表"壬子癸" 3 个山 (正北)

艮卦代表"丑艮寅" 3 个山 (东北)

震卦代表"甲卯乙" 3 个山 (正东)

巽卦代表"辰巽巳" 3 个山 (东南)

离卦代表"丙午丁" 3 个山 (正南)

坤卦代表"未坤申" 3 个山 (西南)

兑卦代表"庚酉辛" 3 个山 (正西)

乾卦代表"戌乾亥" 3 个山 (西北)

天地人三元龙阴阳属性

每个卦象所代表的三山，中间那一山称为"天元龙"，根据罗盘上的位置，天元龙左边那一山称为"地元龙"，右边那一山称为"人元龙"。

以"壬子癸"为例，"壬"是地元龙，"子"是天元龙，"癸"是人元龙。"壬子癸"等于"地天人"三元龙。

每一"元龙"具本身之阴阳。

大家在罗盘可以看见每个"元龙"的阴阳，红色为阳，黑色为阴。

将以上资料集合之后，可以总括成下表：

正北方 (坎)："壬子癸" (地天人) (十一一)

东北方 (艮)："丑艮寅" (地天人) (－＋)

正东方 (震)："甲卯乙" (地天人) (＋－－)

东南方 (巽)："辰巽巳" (地天人) (－＋＋)

正南方 (离)："丙午丁" (地天人) (－＋＋)

西南方 (坤)："未坤申" (地天人) (－＋＋)

正西方 (兑)："庚酉辛" (地天人) (＋－)

东北方 (乾)："戌乾亥" (地天人) (－＋＋)

后天八卦/元旦盘

　　大家亦要重温以"五"字为中宫的后天八卦，又称元旦盘或洛书盘，因为河图洛书以"五"数为宇宙密码。

　　我们以元旦盘为基础，去衡量坐山及向首之飞星次序是顺飞还是逆飞。

后天八卦／元旦盘

　　以"五"字为中宫的后天八卦，又称元旦盘或洛书盘，因为河图洛书以"五"数为宇宙码。

酉山卯向八运盘

如果一间屋坐正西，向正东，西方三山为"庚酉辛"，东方三山为"甲卯乙"，由于正西正东，因此取中间天元龙之"酉"山"卯"向。

在八运盘中，西方是"一"，东方是"六"，此屋之"坐山"飞星图以"一"字入中宫，"向首"飞星图以"六"字入中宫。

元旦定阴阳

这时我们要决定飞星的次序是顺飞还是逆飞。

顺飞的意思，以"一"字入中宫之后，按飞星的次序，"一"字之后是"二""三""五""四""六""七""八""九"。

逆飞的意思，飞星的次序是一样，但"六)字入中宫之后，下一个次序的飞星数字是"五"，然后是"四"

向首"六"字顺飞图

坐山"一"字逆飞图

"三""二""一""九""八""七"，即是数字倒向后数，称为逆飞。

要找出坐山的"一"字与向首的"六"字是顺飞还是逆飞，方法就是找出"一"字和"六"字在元旦盘中究竟属阴还是属阳。

"一"字在元旦盘中位于北方，北方三山为"壬子癸"，由于坐山的"酉"属天元龙，因此亦取北方之天元龙，即是"子"，"子"属阴，此坐山飞星为"逆飞"。

向首之"六"字在元旦盘中位于西北方，西北方三山为"戌乾亥"，向山的"乾"属天元龙，西北方天元龙为"坤"，"坤"属阳，因此向首飞星为"顺飞"。

大家必须搞清楚飞星次序的顺逆，不容有错。

五字中宫

元旦盘中的"五"字并没有阴阳之分，假如八运盘的坐向为五，则无须参照元旦盘，只须直接根据五字在八运盘的阴阳去决定飞星的顺逆。

举例在八运盘中，五黄星飞到西方，假如你的屋坐西或向西，西方三山为庚酉辛，阴阳是正负负，你直接以此阴阳去决定坐山或向首的飞星的顺逆。

流年星盘

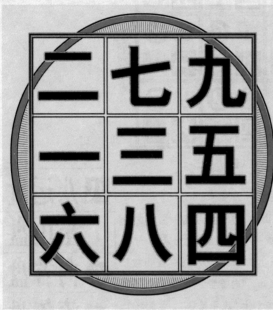

2006年流年之星图

　　2006年飞星为三碧徵中宫,于是以"三"字为开始,按九星飞伏法,得出2006年的飞星方位。

　　举例:2006年飞星为三碧入中宫,于是以"三"字为开始,按九星飞伏法,得出2006年的飞星方位。

四星汇聚

　　现在将八运盘、坐山盘、向首盘与流年飞星盘,4个合而为一,变成一个宅盘去表现出来。

酉山卯向八运盘

八运盘、坐山盘、向首盘与流年飞星盘，4个合而为一，变成一个宅盘去表现出来。

方法是先写出"八运盘"，再将"坐山盘"的数字写在左上角，"向首盘"的数字写在右上角，再于右下方加上"流年星盘"。至此这个八运中坐酉向卯的家宅盘便大功告成。

八	八运盘
1	坐山盘
6	向首盘
三	流年盘

如何表现?方法是先写出"八运盘"，再将"坐山盘"的数字写在左上角，"向首盘"的数字写在右上角，再于右下方加上"流年星盘"。至此这个八运中坐酉向卯的家宅盘便大功告成。

从这个盘我们可以看到这间屋每个方位的吉凶。将4种飞星加起来，再加上八卦便可以判断住在这个方位的人会发生什么事。以东方为例，以上宅盘在东方的飞星有六和一。大家要记住，"山星"管人，"向水"管财，山星是六白星，代表可能会出现血光之灾。

东方亦是流年星三碧飞伏方向，三碧是禄存星，代表住在东方的人会招来官非是非。而此方位五行属木，三亦属木，这个位置有很多木，忌木的人要特别小心。

从这个飞星组合上，我们知道住在东方的人在今年易招惹是非，甚至会惹来血光之灾，要多加小心。

又例如东北方的飞星是二黑和五黄，犯了二五交加之煞，二五交加必损主。七赤属金，土生金，而七赤又是退运星，说明此方位有刀剑煞。

宅盘共有4种典型的结构，我在下面逐一为大家介绍。

旺山旺向

向星　　山星

坐乾　　⑧　　⑧　　向巽

八运中的旺山旺向

八运中的旺山旺向有以下向个坐向：乾山巽向巽山乾向丑山未向未山丑向巳山亥向亥山巳向

在八运中，八白代表当时得令。假如坐山的八运星飞到家宅的坐方，向首的八运星又飞到家宅的向方，这当然代表极好风水的屋，称为"旺山旺水"。

山星管人，向水管财，这代表人财两旺，既有财富，亦有健康的身体。以下都是八运中旺山旺水的坐向：

乾山巽向　巽山乾向　丑山未向

未山丑向　巳山亥向　亥山巳向

上山下水

可是假如坐山的八运星飞到家宅的向方，而向首的八运星又飞到家宅的坐方，这便代表极差的风水，称为"上山下水"，或者"倒山倒向"。

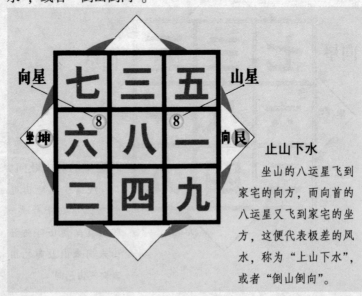

上山下水

坐山的八运星飞到家宅的向方，而向首的八运星又飞到家宅的坐方，这便代表极差的风水，称为"上山下水"，或者"倒山倒向"。

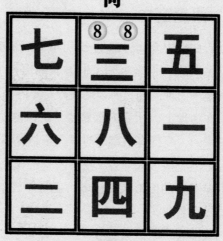

双星到坐

坐方及向方的八白都同时飞到坐方，坐管人丁，这代表家宅中人丁很壮旺，但向星亦飞到坐方，即龙神飞到山，代表破财。

有一句话说："山上山神下了水，水里龙神上了山"。

山神要飞到见到山的位置才好，见到水便会浸死，山星飞到向水，代表丁败、丁亡。

水里的龙神，上了山如果飞到有水的地方当然好，但如果飞到山上，便会渴死。水星即向星飞到坐山，代表财败。

所以上山下水代表丁财两失。如坤山艮向的家宅，便是上山下水之局。

双星到坐

假如坐方及向方的八白都同时飞到坐方，坐管人丁，这代表家宅中人丁很壮旺，但向星亦飞到坐方，即龙神飞到山，代表破财。

住此屋身体健康却与财富无缘。

双星到向

假如坐方及向方的七赤都同时飞到向方，向水管财，代表财源广进，但坐星到了向方，即山神下了水，为水所淹，代表健康出现问题，所以此屋旺财不旺丁。

在命理上，所有人都希望丁财两得，但事实上，这世界是公平的，当拥有财富的时候，正是身体最多病痛的时候。

香港有些风水师为了使客人找快钱，布下双星到向之局，理由是财富的回报快和显著，但身体健康的回报较慢，而且不能带来名利。

曾经有一个名人，找来风水师布下双星到向之风水，果然财源广进，但有一天在会议途中突然暴毙身亡。

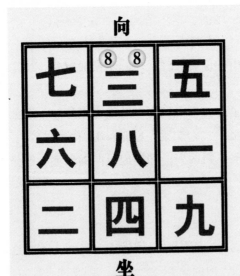

双星到向

坐方及向方的七亦都同时飞到向方，向水管财，代表财源广进，但坐星到了向方，即山神下了水，为水所淹，代表健康出现问题，所以此屋旺财不旺了。

所以大家学习风水，切勿造下这些孽。某些风水师只顾催财，不顾生死，风水界的坏风气由此而来。

方位陷阱

大家可有留意到，同是坐东向西之屋，如为天元龙之卯山酉向，则旺山旺向，丁财两得。但假如甲山庚向，则倒山倒向，丁财两失。

大家由此明白何以风水要学二十四山。假如只说坐东向西，不能判断吉凶，因为同是东方有 3 个山，当中有极大分别，所以学习风水，必须学懂二十四山。

从今天开始，洗心革面，不要再用 8 个方位去讲述东南西北，一定要用二十四山，不要再笼统地说坐北向南，因为这种说法不能代表任何风水上的好与坏。

第 6 章

　　风水学再进一步去研究，并非从书本上去学习，而是要实地堪察。

骑缝出线

兼山兼向

本篇内容

第六章 骑缝出线 兼山兼向

风水成功之道

天地人龙的阴阳掌握，在风水学上非常重要。有些风水师将天地人龙故作神秘，使学习风水的人掌握不到风水的窍门，我教授风水的方法是化繁为简，因为我希望将风水普及化。

风水学再进一步去研究，并非从课本上去学习，而是要实地勘察。上水麒麟村是香港风水学上十大名穴之一，我在那里建有东密的闭关别苑。飞鹅山的孙母墓亦是风水名地，要学风水的人，要到上述地方去实地考察。

风水是一门很珍贵和实用的学问，但至今都没有人肯将风水学和盘托出，因为风水亦是一门可以很容易赚钱的学问，你随便乱吹一番，没有人会懂得驳斥你。

要成功地从事风水行业，要配合本身八字和人的功德。历史上占大多数从事风水的人都没有好收场，真正靠风水成名的人少之又少。举例大家熟识的赖布衣，亦都只不过是近年被人吹捧出来的风水名家，当时的赖布衣并不拥有如此尊贵的社会地位。

因此学风水之人必须要同时具备德行，要有谦谦君子之心，以济世心怀去从事风水行业，否则仿如一个手上拿着刀的人，非以刀去助人解困，而是以刀伤人。

风水进阶要诀

我已经将如何通过四星汇聚，即是年运星、坐星、向星及流年星结合，找出宅盘每个方位吉凶的方法，详细向大家介绍。

我现在更进一步，将风水学的秘密及窍门向大家披露。

相信大家已经找出自己家宅的坐向。于是有少数读者会产生一个疑问，假如家宅的坐向刚好叠在卦与卦之间的线上，应该如何取舍属哪一个卦？

罗盘出卦

罗盘上有八卦，每卦有三山，合共二十四山。罗盘上的十字线重叠在卦与卦之间，还是叠在山与山之间，两者有所分别。

我现在先说坐向刚好位于卦与卦之间，在风水学上称为"出卦"，即是犯了凶煞，代表住在这屋的人精神出现问题。

每逢一间屋发生凶案，在门外以罗盘测之，必见出卦之象。

磁场因果论

　　这里引申出一个问题，以一座大厦为例，若以坐向去定每个家宅的吉凶，岂非同一坐向，即是由 6 楼至顶楼的 A 座，都有相同的吉凶与遭遇？

　　答案是的确会有较相似的际遇。举例 A 座单位犯二黑五黄，于是 A 座有较多家庭受非典侵袭，这是受流年飞星的影响，使那个方位的住户特别遭殃。

　　但何以并非所有 A 座单位都受到感染？这说明了一个风水学上的秘密，道理其实很显浅，但很多风水师并不明白，就是磁场受"人"影响。

　　有些风水师在大厦外测量了每个单位的坐向，然后将整个大厦的单位都以相同坐向去计算风水，这是犯了严重的错误，因为风水师忽略了人本身亦具备磁场，人迁进单位之后，单位受人的影响而令磁场出现变化。

　　用罗盘在每层楼的 A 座外测量，你会发现原来每个 A 座单位的坐向都有所偏差。原本是七运中旺山旺水的乙山辛向，另一层楼的单位会变成上山下水的甲山庚向，到了第三层楼，变成出卦凶象。即使在同一层楼，你踏前一步与踏后一步，指针都会出现变动。

　　这解释了虽然住在同一个方向，但每个家庭都有不同的吉凶与际遇，因为磁场受人为因素影响。

　　一个八字很多水的人住进一个单位内，会令这间屋变得潮湿和经常漏水。换了另一个八字很热的人住进去，这间屋的磁场马上变得很热，所种的花都会枯萎，因为夏天出生的人八字极热，花也会被火烧焦。

风水乃人为因素

所以风水其实并不很科学，因为磁场受人影响，不同的人在那里生活，会制造出不同的磁场。罗盘的解象分成两个层次，第一是它代表那个地方在地球上的真正方位。第二个层次，它代表那个地方经人为改造后所变成的方向。

一间新屋住了10年之后，磁场与10年前一定有很大分别。但假如这间屋10年来都是空置，这10年来的磁场不会有大变动。大家由此明白人的经历和际遇，会令磁场对南北产生不同感应。

所谓风水，那是指当有人入住之后，产生出五行阴阳互调之后的那一种磁场。假如你家中坐向的卦象为出卦，代表你家中已经产生这种际遇，即是你家中已经有人在健康或行为上出现问题。

风水布局的作用是，可以将磁场稳定在某一种状态，一间经过风水布局的屋，可以维持很多年都不会在磁场上出现大变动。否则一般单位都会受人的磁场及每年、每月以至每日飞星的影响，以至屋内的人在运气和遭遇上出现极大转变。

罗盘学的计算，是要将人为的因素都计算在内。一间吉屋的方向不会改变，那改变是自从有人迁进之后。你让一群小朋友在屋内不停走动，然后你用罗盘测量，会发现方位与之前有所分别。最影响磁场的东西是动物，动物会散发一种极强的气味和磁场，令罗盘上的针不停在转。

假如你在看风水的时候听到狗吠声，你要先请屋主人将狗锁起来，因为狗会对磁场造成极大的干扰。

风水不是百分百科学的理论，当中包含了很多人为的因果定数，不明白这个秘密，不能透彻地了解和运用风水，容易变得偏执。

罗盘上共有八卦，即是有8个机会令一间屋堕入凶卦。这些屋是丁财两失之局，古时候这些屋遭遇抄家、悬梁自尽、跳井、绝症等事，称为出卦凶卦。

骑缝出线

另一种骑线是比较好的，虽然亦代表凶象，这一种是山与山之间的骑线，如坎卦包括壬子癸三山，坐向重叠在壬子或子癸之间，称为骑缝出线。

50间屋之中，约有一间会出卦，8~10间会出线。遇上出卦或出线的家宅，大家无须太担心，只要将屋内的磁场改造，便不会出现这种情况。

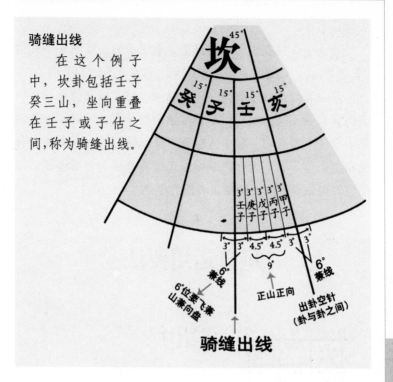

骑缝出线

　　在这个例子中，坎卦包括壬子癸三山，坐向重叠在壬子或子癸之间，称为骑缝出线。

图中标注：
- 坎 45°
- 癸 15°　子 15°　壬 15°　亥 15°
- 壬子　庚子　戊子　丙子　甲子（各 3°）
- 3° 3° 4.5° 4.5° 3° 3°
- 9°
- 6° 位要飞兼山兼向盘
- 兼线
- 正山正向
- 出卦空针（卦与卦之间）
- 6° 兼线

骑缝出线

兼山兼向

　　以一个罗盘为 360 度计，罗盘上有二十四山，每个山为 15 度。风水计算之精密，是再将每个山分成 5 格，每格 3 度。

　　以"子山"为例，子山之下再细分成"壬子、庚子、戊子、丙子、甲子"5 格，十字线叠于庚子、戊子与丙子之间，即子山中央的 9 度之中，称为"正山正向"，即是以子山午向去计算宅盘。

若十字线偏左偏右，跌进壬子或甲子的 3 度之中，称为"兼山兼向"，即是要兼看左边的癸山或兼看右边的壬山。

兼山兼向盘要采取另一种飞星法，与之前我教导的正山正向盘有所不同。所以风水是很精密的计算，可以预先知道家中哪个人要开刀，哪个人会有意外，哪个人在哪个月会有桃花。但罗盘的掌握必须准确，正线与兼线要分辨清楚，你便会发现如有神助，所测之事极为准确。

星盘运用要法

七运盘

家宅大宇宙

首先将宅盘套入家居之中，便马上可以知道家中哪个方位受着哪一组星的影响。

将整间屋套入星盘之中，这个称为大宇宙。

现在进入风水学最重要的部分，当找出宅盘之后，究竟如何利用宅盘去为家居布局？

首先我们要将宅盘套入家居之中，如一个宅盘坐北向南，我们将这个宅盘套入家居之中，便马上可以知道家中哪个方位受着哪一组星的影响。

将整间屋套入星盘之中，这个称为大宇宙。

当进入房间之后，要如何为房间摆设，就是将房间的小宇宙又划成9格，又将星盘套进去，于是又找到每个方位的吉凶，你从而知道睡床要放在哪里，哪个方位要化煞，哪个方位要纳气。

然后，你甚至可以将你所睡的床划成9格，于是你知道那张床要怎样摆放，你要睡在哪个位置，向着哪个方位下床。你明白睡觉的方位是否最好，明白何以丈夫经常生病，这是由大宇宙变成中宇宙，再变成小宇宙。

当然大家无须对每种摆设都计算得那么仔细，但你工作的写字台，你真的有必要仔细地划成9格，然后找出哪个位置放电脑，哪个位置放花瓶。

放射法

假如你的家是正方形，当然很容易便可以将星盘套入你的家居中。但如果你的家是长方形或不规则形状，你将星盘套进去的时候，会出现东西南北不平衡，例如南方长、东方短等情况。

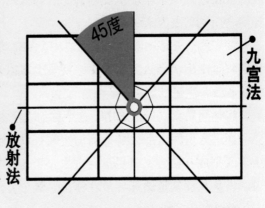

长形家宅

每逢并非正方形的屋,不可以用十字去划分,要改用"放射法"。方法是找出屋的中心点,然后以圆周角度去将家居分成 8 份,每份 45 度角。

所以每逢并非正方形的屋,不可以用十字去划分,要改用"放射法"。方法是找出屋的中心点,然后以圆周角度去将家居分成 8 份,每份 45 度角。

无论九宫法或放射法,都可以借助天花板或地板的方块,将家宅平分成方形的 9 格或圆筒形的 8 份。

20 世纪 80 年代有一个风水师,每次看风水的时候都带同 3 个徒弟,在屋内 4 个角位拉线,将每个区域都划分得一清二楚。

风水图是非常重要的,基本上只要风水图画得清楚,便马上可以知道飞星出现的位置,从而找出布局的方法。

飞星加会

当利用九宫法或放射法将所有飞星套进去之后,我们要开始计数，所计就是那些飞星究竟是吉是凶?究竟会有什么事情发生?是好还是坏?

首先我们分出所谓"主星"与"客星"。"主星"指代表坐山、向首及世运的飞星，这是家中本有的 3 种飞星，不会随年月日而改变。

"客星"指每一年的年星、每月的月星、每日的日星，或者命卦之星，即某人命卦的星飞进来而产生变动。这种会变动的星称为客星。

当主星与客星交集会合之后，便会产生化学作用，制造出种种不同的变化与现象。

五行生煞

如本有之主星为一白贪狼星，五行属水。若飞入八白之客星，八白属土，土能克水，客星相克主星，称为"煞入"。

若一白之主星飞入六白客星，六白属金，金能生水，称为"生入"，即客星能够生旺主星。

假如一白星再飞入一白星，称为"比和"，等同八字上的比肩，即二星有相同的属性。

如为"煞入"，代表刑克，当然代表不利之事。如为"生入"代表可以生旺主星。如为"比和"，代表势均力敌。

反过来，如果木为主星，当一白飞入，水能生木，称为"生出"。若火星飞入木星，木能生火，称为"煞出"。

基本上所有飞星走不出以上 5 种格式，称为五行生煞。

所有主星与客星都通过这5种格式——即"生出、生入、煞入、煞出、比和"去确定互相的关系。

九星八十一断事学问之二黑·巨门

我们要利用5种生煞将飞星的组合界分，因为无论哪种组合都代表不同的预兆和吉凶。在九星飞伏中，共有九九八十一个卦或飞星的组合，通过以上5种关系，我们可以研究每个组合的含义。

如一白碰到一白会变成什么，一白碰到二黑会变成什么，最后一白碰到九紫又会变成什么，我们要将这9个组合的含义全部找出来。

元旦盘中的家庭成员八卦分布图

在九星飞伏中，共有九九八十一个卦或飞星的组合，通过利用5种生煞将飞星的组合界分，即可知不同组合所代表的预兆和吉凶将应验在哪个家庭成员身上。

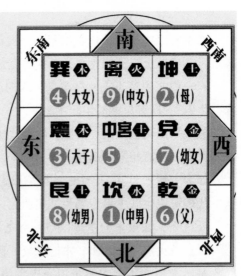

然后找出二黑碰到一白会变成什么，二黑碰到二黑会变成什么，如此类推，九紫共有 81 个组合。我在《风水之道》一书中，为这 81 个组合写了 81 首诗，大家能够记下这 81 首诗，便能明白当中的关系。不过当然大家无须真的死记，只要大家明白组合的原理，亦即是明白每粒星的五行关系，便可以研究出当中的含义，而研究的基础就是通过八卦。

大家现在重温一次根据后天八卦即元旦盘所显示的家庭成员八卦分布图 (见上页)。

二黑三碧斗牛煞

我先介绍二黑和三碧星作为讲解九星断事学问的开始，因为二黑掌管主妇，三碧代表是非官非，这两粒飞星与大家有密切关系，我先以这两粒星做例，使大家明白飞星组合的神妙。

现在假设一个宫位内出现二黑星与三碧星的组合。

二为坤卦，五行属土，代表母亲。

三为震卦，五行属木，代表长子。

当土与木走在一起，会出现哪种情况?那就是木克土，即是长男刑克着母亲。假如屋内有一个地区的飞星是二和三，莫名其妙地，母亲与长子会喜欢走到那个地方睡觉。风水师只要在门外用罗盘找出宅盘，无须进入屋内已经可以大概知道屋内的布置，及哪些人经常在哪个地方走动，因为星盘已经将家中所有人及互相之间的关系清楚地显示出来。

由于出现木克土的迹象，代表长子经常与母亲怄气，所以二三同宫在风水上称为"斗牛煞"。牛属土，斗牛的意思是木克着泥土，由此可知母子的关系很恶劣，经常怄气，这一种便是二三组合的斗牛煞。

假如男主人睡在二三方位，由于木经常被土所克，因此经常会发怒兼斗气，而土代表胃，胃部亦会出现毛病。

假如流年再多飞进一粒三碧星，即是共有两块木克着土，代表胃病及怄气会更加剧烈。这种情况在何时发生？当那个月份有三碧星飞进那个方位，便会应验此煞。

三碧代表是非，二黑代表病符，亦代表主妇。二三同宫，代表主妇犯是非，经常被是非所困。坤卦除了代表母亲，亦代表老婆婆、农夫及大肚的人。但从经验所得，坤卦最应验母亲，而二黑亦代表寡妇，夫妻睡在二黑位，丈夫会经常生病甚至死去，所以二黑亦是寡母星，最经常飞到老人家的睡房。

看风水是否出色，决定于这81个组合的掌握是否同样出色。我会毫无保留地教授大家这81个组合的玄机，但当中的吸收和运用，决定于你本身的运数与机灵！

▌ 二·一同宫伤仲子

我先从二的组合开始说起，因为二黑是最麻烦的凶星，我先让大家了解二黑星对大家的影响。

要学九星的话，大家先要学念诗。二一同宫有诗云："中男灭绝不还乡"。

一是坎卦，五行属水，代表中男。

二是坤卦，五行属土，代表母亲。

由于土克水，中男被土所困，不能返乡。这代表第二子与母亲不和，所以经常留连在外，不愿回家。假如二一飞到你家的大门口，代表儿子经常离家外出，或者移民到外地读书，远走他方，从卦象中可以得知。

二一同宫亦代表"坤艮四季伤仲子"。

四季即是辰戌丑未这4个月份，即是新历的3月、6月、9月和12月。在这四季的4个月份中，由于土旺，仲子即次子受克，所以会离家，同时会患上以下几种病，包括肾水不足、耳水不平衡或心脏出毛病。

假如次子睡在二一的方位之中，次子必然经常不回家过夜，去避开土克，即使回家亦必定与母亲生摩擦。

由于经常流连夜生活，再加上肾水及耳水不足，次子必定血气不足、身形消瘦、面青唇白，未见其人，已知其貌。

假如流年的二黑星亦飞到次子睡房，二黑一白，次子必定离家在外，在家难寻安宁，此之谓"中男灭绝不还乡"、"坤艮四季伤仲子"。

二·二比和寡妇屋

二黑是病符星，两个二黑走一起，必定是大凶之局。

在七运或八运中，二黑星都是退运星，两粒二黑星同宫，代表病符，亦代表寡妇。两粒二黑星同时飞入大门口，代表这一间是孤婆屋，或者寡妇屋。

但假如世运是二运，例如一个山坟建于二运之中，若有二黑星飞临，代表当时得令，同时有两粒二黑星，二黑属土，代表子孙可获得很多房地产。

二·三斗牛煞

二三的组合我已经介绍过，二三与三二的组合是一样的，同为木克土的斗牛煞。

二·四室有欺姑媳

四是巽卦，五行属木，代表长女。

二是母亲属土，由于木克土，代表长女刑克着母亲，长女亦代表媳妇，此卦亦代表媳妇刑克着婆婆。

假如那一年四绿星亦飞到四二同宫，身为婆婆的你，可能要与媳妇同住，并且受媳妇之气。直至四绿星飞走之后，你才可以摆脱媳妇，过回自己的生活。利用飞星学可以看到各种微妙的家庭问题，单靠卦象或紫微斗数，无法做出这种占算。

◗ 二·五交加必损主

二是病符，五是五黄星，代表5种毒虫走在一起，五黄二黑同在一宫，在此宫坐卧行事之人，必然遭殃，身体健康受到损害，是以"二五交加必损主"。

二五交加必定要配合峦头，假如整间工厂只有女工，这一种便是二五交加的峦头，因为二黑代表寡妇、孕妇。女性的老人院如果有二五出现在大门口，代表院内有老人家去世。

假如一间小学的大门口出现二五交加，会应验在女职工身上，小孩子或男性职工不受影响。

当二五星飞到大门口的时候，假如那个单位的门牌也是25号，或者摆放了与二五有关的物件，便会催旺二五交加。因此大家必须明白，飞星要有峦头去催旺才会应验。

◗ 二·六富比陶朱

六为乾卦，五行属金，代表男主人。二属土，代表女主人。

土能生金，即是女人生男人，陶朱即范礼，是富贵之人，此乃土生金之局，代表夫妻二人同心合力赚大钱。

但由于二是坤，六是乾，坤是鬼，乾是神，逢二六交加之处，代表鬼神阴阳交会之地，必有神怪出现，是以二六亦代表神房，为摆放神坛的方位。

二·七庶妾寡母

二是坤卦，七是兑卦，丽者皆为女性，两个女性飞入房中，纯阴相配，代表不正桃花，如该区有两位女性或'两位男性居住，代表同性恋。

二七同宫，诗云："庶妾难投寡母欢心，二七合火，鸟焚其巢"。

此卦为母女相争，不正桃花。由于二七合火，故引发火灾或血热之症。

假如二七飞到家中大门，代表此屋易生火灾，屋内之人易生热气，容易患上癌症。但假如屋内的人八字要火，此煞并不生效，所以飞星要配合人事，并非每个人碰上那组飞星都会出事，这是因为八字作怪。

二·八寡妇虚空

由于二代表寡妇，八代表幼男，此卦代表单身妇人养着儿子。

八为艮卦，代表寺庙，二八同宫，代表寺庙内有很多寡妇，属尼姑庵的风水。

二·九愚顽之夫

二是热土，九是火，碰到热土，会变成火遇土出愚蠢之夫。假如丈夫睡在二九同宫之位，会变成又蠢又恶。

诗云："火见土绝，出愚顽之夫"。

以上均是常用的飞星诀，现在不妨开始将之记下来。

第 *7* 章

在九星飞伏中，共有九九八十一一个卦或飞星的组合。

九星断事

精彩百出

第七章　九星断事　精彩百出

九星·八十一断事学问

我现在从一白到九紫，详细为大家介绍九星断事。举凡飞星要分成当令或失令。如现在行八运，八、九称为当令，七运及之前皆称为失令。

一白·贪狼

由于现在是八运，一白可称为未来吉星。一白本身代表官星、警察和政府人员，但如果是退运星，一白由官变成了贼。飞星中除了三碧代表贼，一白星亦代表江湖中人，即俗称古惑仔。假如一白星飞到大门，代表有很多古惑仔在那里聚集，但情况与三碧星的入屋盗窃有所分别。一白星指江湖黑道，以及不正派的官星。

一白的五行属水，水必定与耳朵、肾和肠等器官有关。一白飞星与八字上的子水眉来眼去，子水等于一白星，代表老鼠和蝙蝠，蝙蝠侠是一子水，蝙蝠侠的海报是一白星。过年的时候，大家在家挂"福"字，这个福字如子水，不要水的人不可以在家中挂福字，过年将福字送给别人，即是将子水送给别人。

由于子即是水，有一幅画叫"百子千孙"，"子"和"孙"全部是一白，假如那一年一白星飞到大门，而你又刚巧将"百子千孙"贴在大门口，于是过年的时候，有些人将大吉放在你门口，然后向你收钱，或者邻居欠下贵利，连累你的门外遭人喷漆。

除了老鼠、袋鼠、福字、百子千孙代表一白星的水，家中洗手间的坐厕亦代表一白。马桶盖打开的话代表有一缸水，作用如同养了一缸鱼，不要水的话最好将马桶盖上。淋浴与盆浴亦有很大分别，盆浴代表储存了一缸水，喷头代表水来水去，经常用一桶水浸着衣服都是一白。

欠水的人会喜欢信孔教，因为经常都说"子日"这两个字。名字之中，子和豪都是极多水的名字，子字等如癸水，豪即是豕，即是亥水，所以子豪即是癸亥，这个名字忌水的人不能用。假如你的名字有很多水，再与一白星碰在一起，会使你的肾、耳和肠等器官出毛病，举凡中耳炎或耳水不平衡，代表太多水或严重缺水，总之一定是一白星出问题。

当继续研究下来的时候，你会发现风水命理可以应用在日常生活的每个细节之中，是一种非常有趣味性的学问，并非如大家想象中的枯燥。

例如一白撞入二黑，二黑属土，土能克水，于是肾水不足，亦即是性功能会受影响。如果水太多的话，肠会积聚感冒菌，引致经常肚痛，轻者肠炎，严重者肠癌。

水亦代表鱼类，要水的人要经常蒸鱼和吃鱼生。不要水的话，到避风塘吃豉椒炒蟹，或者椒盐濑尿虾，这些食物可以使你极度缺水，令一白星消失。

以上全部是根据实战经验所得，风水与八字都是一脉相承，都是告诉我们在日常生活中，我们经常疏忽了物件的五行，以致发生很多问题。大家要研究一白星的话，必须知道一白究竟代表什么东西。

有一句说话："坎宫塞而耳聋"。假如你看风水的时候，发觉屋主耳聋，于是你不问而知，这间屋一定在北方的坎宫出事，你要首先研究那个会使他耳聋的位置和飞星出现什么问题。

首先在方位上，你要留意北方，其次在飞星盘上，你要找出一白星的所在。假如你发现屋主睡在一、五飞星的位置，一白是水，五黄是土，土克水，所以耳朵出现毛病，于是你找到问题的原因，总之你要留意所有与一字有关的数目。

假如你看见屋主是孕妇，你要留意二字，因为二黑专管孕妇。假如屋主犯官非，你要马上留意三碧。假如屋主想子女读书成绩好，你便留意四字的飞星。这是看风水的其中一种方法。

一白除了掌管耳朵，亦掌管肾水，肾水不足会影响性功能。一自代表少男，亦代表性功能，假如屋主的儿子经常夜生活，或者喜欢看四级片，一定又是一白星出现问题。

你在医院看见一个病人患肠癌，你要明白这个病人一定与一白有关，因为一白掌管水的五行，任何与水有关的毛病，都是一白星出问题。

一·二中男不还乡

一二同宫会有什么事情发生？

一代表中男，二代表母亲，一白是水，二黑是土，土克水，即是赶走中男，所以一二同宫是"中男灭绝不还乡"，与二一同宫一样。一二同宫亦代表中男被年长的女性欺负，假如儿子睡在一二同宫的位置，必定经常被母亲责骂，或者被邻居的妇人欺负。

所以一二亦代表"买臣长遭妇贱之羞"。有一个故事讲朱买臣被妇人欺负，结果他高中状元，吐气扬眉。一二与二一同宫都同样代表"买臣长遭妇贱之羞"，代表二黑刑克着一白。

■ 一·三乍交

有一句话叫"震与坎之乍交"。

一是男，三亦是男，代表两个男性走在一起。在飞星组合之中，阴撞阴，阳撞阳，都代表不好的现象，必定要阴阳交媾才能够产生和谐及协调。

两个男性走在一起，代表男性是非，及结社招惹是非。一三亦代表同性恋，代表所谓男公关或"鸭店"聚集的地方。

■ 一·四风荡

一四与四一同宫一样，代表兴旺发达之地，文昌畅旺，有谓"四一同宫科发之名"。四属木，等如巽卦，一属水，等如坎卦，水能生木，木入坎宫，代表凤池身贵，声名显赫。

不过由于现在一和四都是失令，所以四一同宫会产生另一种现象，称为"四荡一淫"。四星飞入巽卦，巽代表风，风代表荡。一白属水，水代表淫荡。所以一四代表淫荡。在家中摆放四一同宫的物件，很容易出事。

因此摆文昌最好根据出生日的天干去选择文昌位，如果真的要摆四一，由于风水摆设的威力不及飞星般强，摆4枝富贵竹比自己坐在四一位置较为安全。

在八运盘中，如果你看到定盘上有四一同宫，而那个位置是睡床或电视机，你就知道屋主一定夜夜春宵，或者经常看四级片。

假如一间夜总会、卡拉 OK 或风月场所要摆风水，不作他想，必定用一四去布局，使进来的人都感染到四荡一淫。

一•五子癸生疡

一白是退运星，所以凡一的组合都是带点凶性，而且一代表水，亦代表淫邪，乃不吉之兆，现代女性很多妇女病，男性喜欢包二奶，很大程度上受了一白星的影响。

有一句说话："子癸岁廉贞飞带阴处生疡"，这个话与性病有关。

子癸即是一白，一白与五黄撞在一起，五黄属土，土能克水，造成有病毒在一白的位置。一白位置即是肾、肠病和性器官，代表患上肾病、肠病和性病，这是一五同宫最经常出现的问题。

假如流年的五黄星在北方，北方本身是一白，代表这一年男女性问题特别严重。假如月份的飞星在北方见五，代表那个月的情况最差。所以"子癸生疡"，代表一白的人，即是家中的中男，在少年时有灾祸。

说到这里，大家会发现全屋每个角落都充满凶险，但大家无须恐惧，因为飞星是风水学的理气，即使一五星是飞到你的床上，不一定代表你会生疡。在什么情况下才会应验?就是在峦头上亦出现一五同宫。

假如你在床头挂了福字，这是一白，而你又同时在床头摆了 5 块水晶，这便是五黄，理气上的一五飞星再配合峦头上的一五同宫，于是应验一五之灾。

所以即使飞星上有一五，但假如峦头上没有一五去催旺财气，并不会构成问题。

当大家找出飞星之后，无须感到惊慌，你首先察看屋内有什么凶险的峦头。例如，你看见窗外有一座尖形的紫红色大厦，仿如一个女性倚在墙边，而那个方位刚好有九紫星飞临，于是你知道这一间是桃花屋。假如没有九紫星飞临，这一种只是峦头，但理气很单薄。峦头是一个煞，理气是一个煞，要理气和峦头集合一起，才会应验那种现象。

所以千万不要一进屋，便说住在屋内的人有精神病、性病、四荡一淫。虽然那个位置有四一同宫，但如果没有四一同宫的峦头在那个位置出现，是不会应验四荡一淫的。

在一座大厦之中，每一层的单位都方向相同，但这层楼有四荡一淫，楼上的没有，因为这层楼养了鱼，旁边还种了牡丹花。

我讲解风水与其他人不同的地方在于，我经常提醒大家一白等如厕所，代表老鼠、福字、蝙蝠侠。这些资料对大家相当重要，一四飞星所到之处，假如有以上的峦头去催旺，便会令一四产生效应。

一·六水淫天门

一六同宫又叫"水淫天门来年殃"，六为乾卦，代表家中父亲。如果家中没有父亲，乾亦代表长子，这是从经验所得，乾卦往往亦代表家中长男。

一六同宫代表有很多金水，代表人会倾向于色情。一代表水，亦代表淫，六是金，金能生水，代表那个人有极强的色情意欲，精力十足，三妻四妾，所以称为"水淫天门来年殃"，即是家中容易出现混乱。由于一与六皆代表男性，代表年长与年轻的男性都同样色情，总之凡一数都会出现类似的问题。

一·七金水多情

一七同宫称为"金水多情，贪花恋酒"。七代表口舌、口角，亦代表女性、妓女或妾侍，在七的世运中，特别多妓女或妾侍出现。

一七亦代表"鸡交鼠而倾泻，必凡徒流""水临白虎堕胎煞""白虎投江六畜伤"。这些都是著名的飞星诀，都是一七同宫的特征。

一白是水，亦即是老鼠。七是兑卦，兑卦代表白虎，亦代表西方，西方即是鸡，当一白与七赤结合的时候，会影响胎儿健康，所以"水临白虎堕胎煞"。

"白虎投江六畜伤"的意思指，七星跌入一白，代表老虎跌入海中，所以六畜会伤亡。如农场被水淹，引致牲畜伤亡，这一种便是犯了七一。

当西方的鸡遇到北方的鼠，会令到一处地方因天灾而无法再居住，需要迁徒，通常应水灾，因连场豪雨，水涌进屋，需要离开家园去避灾，风水学是称为"鸡交鼠而倾泻，必犯徒流"。凡因山泥倾泻、水灾、危楼等原因而需要搬迁的，都可以从一七同宫中预见到，是应一七所产生的遭遇。

你要观察单位的实际情况，去判定应验哪一种一七。假如你发现那一家是平常宅，屋主家庭幸福，你将一七判为贪花恋酒便不适当。于是你可以提醒屋主，当一七飞到孕妇的时候，会变成堕胎煞，请他小心太太的身体。

如我之前所说，所有飞星必须配合峦头。假如你家中的水龙头位置刚好摆放了与七字有关的东西，或者在兑宫摆放了白虎采镇煞，便会引发出一七的效应。

一·八耳水遭殃

一八同宫与之前提到的"中男灭绝不还乡"一样，代表土克水，代表耳鸣耳疾等与耳朵有关的毛病。

一·九水火相冲

一九同宫是"南离北坎，位极中央"。九代表南方的火，一代表北方的水，即是一个午火，一个子水。这两种五行走在一起的时候，可以是水火既济，亦可以水火相冲。

在风水上逢水火交汇的地方，都要特别小心，因为一个掌管火，一个掌管水。在峦头上假如水龙头面向着炉灶，这一种都是"南离北坎"的水火相冲。这个卦象的意思是，假如好好处理，令水火既济，便可以位极中央，即是可以做皇帝，所以这个卦亦叫"龙池移帝座，位极仙班"。

如何令到水火既济?这一个正是风水学最难处理的问题，亦是最高深的学问，但我现在用一个很浅显的道理去加以解释。假如你将水洒向火，那是水火相冲，两败俱伤。但你用砂锅盛着水然后放火上，你便能够通过火去煮出美味的汤和饭，这一种便是水火既济，亦即是两者之间需要一个媒介，使互相可以制衡。

一九同宫亦代表"离壬合十，喜产多男"。在飞星学上，凡星宿数字相加为十数者，代表相济，于是喜得产男。

三碧·禄存

三碧代表官非、是非。三碧在日常生活中代表花草树木，每个人家中或多或少都会种植花草树木，但原来这些有可能成为是非官非的渊源。三碧亦代表书本，家中堆放太多书本，会催三碧，以我自己为例，我会在书架上加放其他饰物，作用就是化解木的五行，使木不致太旺盛。

书本、花草树木等是三碧的恋头，当三碧星飞到一处有极多木的地方，便会应验三碧的现象。

家中所有木造的家具、藤器、竹席、三数之物，都会增旺三碧。3盏灯并不构成催旺三碧的恋头，甚至可以化三碧，因为灯是火，可以化木，但灯必须开着才有火，假如3盏灯长期不使用，灯的形态又像花草，便会变成三碧的恋头。

假如你本身需要木的五行，你可以照样将竹报平安挂在家中，但要避免挂在三碧的方位，放置木刻摆设的时候，亦要小心避免同时摧旺三碧。

三·一是非争讼

三属木，一属水，三一、四一同宫都代表是非官非。由于一三皆是退运星，所以不会"凤池身贵"，大多数指官非争讼。

三·二斗牛煞

三二与二三同宫是一样，都代表斗牛煞，代表木与土的交接，历史上有著名的土木堡之战，那就是土与木的交战。

三·三蚩尤煞

三三同宫代表好勇斗狠，因为三碧是蚩尤星，代表不断战斗，每逢见三称为"蚩尤煞"，代表好战、死缠烂打。由于三碧已经退运，退运的木代表不仁，所以产生为恶不仁，或俗称"衰格"的现象。

三·四碧绿风尘

三代表长男，四代表长女，男女走在一起，代表有一堆人聚集。由于这班人并非当时得令，所以代表颓废青年，或嬉皮士之类。譬如，一大群男女晚间在兰桂芳聚集，这一种便属于三四同宫。在深圳罗湖城外有一群乞丐聚集，这一种都是三四同宫，因为三碧是贼星，代表贼和乞丐。假如家中有三四汇合，代表那个位置容易有贼入屋。

如果三四再撞合五黄，后果会更加严重，所谓"碧绿风尘，廉贞勿见"。四为巽卦，巽为风，代表疯狂之症。一群疯症之人再加上五黄，代表这班人集体吃摇头丸，表现失常或灵界上身。这些都是三四同宫所引发的现象。

三·五寒户遭瘟

三是三碧，五是五黄，两者皆为凶星，称为"寒户遭瘟廉贞夹绿"，意思即是"寒户遭瘟"，乃由于"廉贞夹绿"。三代表风、，五代表瘟，代表精神病、瘟疫席卷整个地区，令大多数人染上风疹、瘟疫之症。

三·六天门受煞

六代表父亲、长者或长子。三属木，六属金，金劈木，一般应在长者身上，通常是手脚受伤。木亦代表肝，金劈向肝代表患肝癌或开刀、刀伤等事。由于六星是退运星，一般代表刀伤，应验在父亲身上。

三·七贼匪官灾

七属金，代表是非口角，而三亦代表是非官非，所以"三七叠至，贼匪官灾"。香港在1984年进入七运之后，特别多贼匪横行，黑社会势力强大。1984年香港拍了一套"英雄本色"，歌颂黑社会的正气与正义，掀起黑社会的热潮，这一种便是应七运而生的转变，令社会产生不良风气。三七亦代表背义忘恩，即俗称反骨，你的伙计坐在三七同宫的位置替你做事，这个人多数"食碗面、反碗底"。

三·八伤小口

三八同宫等如"伤小口"。三属木，八属土，木克土，土是少男，代表少男被木克，所以称为伤小口，代表家中的孩子容易有意外。如果小孩子的睡床有三八同宫，要小心在床上生意外。

三·九木火通明

三属木，九属火，木能生火，称作"木火通明"，这是术数上一个常用的名词，即是当火和木的五行都旺盛的时候，那个人会特别聪明伶俐。三九同宫的木火通明专出叻人、猛人，但个性较刻薄，即是你的子女会非常聪明，不过事事讲钱。假如当令七赤与三九撞在一起i称为"赤连碧紫"，人会非常聪明但刻薄，即是很叻，不过有一点"衰格"。

四绿·文曲

　　四绿代表图书、生长旺盛的花草树木，代表家中有木造家具、木床、地板、木刻等。

　　四绿星还代表新鞋、代表你每天穿着的鞋。

　　四绿五行属土，如果家中堆放了太多杂物，家中风水便会变得很差。且易招来二黑、五黄等凶星。换句话说，保持家居清洁其实就是风水学最大要诀。

四·四疯瘟之症

　　当两粒四绿星走在一起，而你又放了4枝富贵竹，或者4件木制的摆设，便会造成疯瘟之症，会出现呼吸不畅顺、湿气重、水肿等风寒之症。

四·五廉贞入煞

　　四属木，五属土，木克土，即是木挑衅土，叫作"碧绿风魔，廉贞勿见"。假如撞入廉贞五黄煞，情况与三五同宫一样，都会出现疯症瘟疫之家。

四·六鼓盆之欢

　　有一句诗："木见戌朝，壮生难免鼓盆之欢"。意思代表克妻，会死去太太，或者与妻分离。

　　四属木，代表女性。六属金，代表男性。金克木，代表男性克死妻子，在这个飞星位置摆放刀剪利器，再加放绿色植物，便应四六的峦头，代表克妻。四六同宫会出现一种情况，就是丈夫的煞气太大，以致丈夫或妻子其中一方经常不在家。如果二人都经常留在家中，妻子的健康会出问题。假如找你看风水的人是男性，你在屋内看不见他的太太，而屋内又出现这种飞星组合，你可以狠批他的太太一定出事或已经过世。

假如四六再加上二黑五黄，或者二黑飞到床上，你可以知道屋主的太太已经过世，因为女性最忌二黑。

古时最忌四六同宫，因为四是木，代表绳索，而六代表头，古代的人经常在柴房悬梁自尽，因为柴房有最多四，亦有刀斧的六，最应验四六的峦头，所以四六同宫为"悬梁之犯"，柴房会摧旺四六，现代没有柴房，少了很多人悬梁。四六亦代表家中的主妇会容易受伤。

四·七刀伤之险

七亦代表金，效应与四六一样，都代表主妇或女性较容易有刀伤之险，宜事事小心。

四·八小口也疯狂

四八与三八同样是伤小口，因为三、四皆属木。小孩子经常游玩的地方要尽量避免有三八或四八的出现，四八代表癫狂症，八白是小孩，即是用癫狂的木去克煞小孩子，令小孩子容易有风癫及风寒之症，严重的甚至精神出问题，或者灵界上身。有些小朋友喜欢玩碟仙，这一种便是四八同宫。

四·九风吹火动

四是木，九是火，木能生火，于是木火通明，人会更加聪明。不过四亦代表风，风吹火会造成火灾。不过四九不及七九严重，假如七九同宫再碰上二黑，二七九便是火灾的密码，四九未必会起火，但二七九是火局之数。

五黄·廉贞

五黄是一个大题目，五黄是一个最差的煞，亦叫正关煞，是最凶险的煞。这个煞所到之处，古人云"人口场损"，即是人口会死亡。五黄与二黑有同一个特征，就是指孕妇，凡有五黄二黑飞到大门或床上，而家中有孕妇的话，都要安胎。

五黄煞在风水学上是最凶险的煞，五数的组合有一至九都并非好现象，但香港现在的屋，占了六七成都有很多五七和五九的组合，大家画出全屋的宅盘图，找出大门口是否有五六、五七和五九的组合。

五七代表紫黄毒药，代表食错东西，或者暗病。凡五、七、九的组合大家都要小心。

五·六土埋绝症

当令子女孝顺，父当权得田产，才贯天下。目今八运，五六均失令之极，二星汇合，头痛骨病，最应验癌症及非典。男宅主亦有被土困入狱及山泥倾泻之险。

五·七紫黄毒药

五与七是最坏的组合，称为"紫黄毒药，兑口休尝"。紫是九紫，黄是五黄，兑是七赤，在七运之中，最多人死于癌症、吃错东西或服错药等。

五黄代表毒药，七赤等如口，五七即是毒药入口，假如再飞来九紫，火能生土，会增旺五黄毒药，所以五七同宫要很小心。有一句说话叫"青楼染病只因七弼同黄"，弼即是九紫，意思是五七九会引致性病。

五黄煞除了代表会杀人，亦代表杀 5 个人，五黄所到剧烈之处，可以同时杀 5 个人。大家明白了五黄代表 5 种东西，你在家中开着 5 个灯泡，令火生土；或者放 5 块尖形的水晶，而水晶属土，你便一定遭殃。大家平日要留意 5 种火、5 种土，会催旺五黄煞。

假如世运为五运，五黄当然不会出事。五代表皇帝，代表中央最极恶、极强之处。但由于五是退运，所到之处有强大的杀伤力。五黄是土，土生金，用金可以化泄五黄之气，在五黄煞位置摆放铜钱或金葫芦，便可以化泄此煞。因此大家无须对五黄过分忧虑，虽然理气上飞来五黄煞，但只要峦头上摆设化煞之物，五黄便不能生长。

五·八小口遭殃

五是五黄，八代表家中小孩，五八代表家中小朋友出问题，甚至死亡。八亦代表胃部、肋骨，五八同宫会引致骨痛、筋骨受损等情况。

五·九土钝执拗

九是火，火生五黄之土，代表家中有顽钝之夫，非常倔犟，甚至发癫发狂。其实凡五黄所到之处都不是好现象，忌见五黄飞到生旺五字之数，例如 5 个灯泡，即是有 5 个火来生旺五黄，这是一种很危险的峦头。

我一再强调，所有吉凶的产生，是需要理气与峦头互相碰撞，假如五黄飞到一堵墙的位置，而那个位置根本没有人经过，这个五黄不会发挥作用。但如果五黄飞临大门口，全家所有人都经由这个门口出入，这个五黄便会对整个家庭造成影响。假如你只用后门而不用大门出入，那大门的五黄对你没有影响。

六白·武曲

六白星属金，代表乾卦，即是父亲。但乾卦亦影响长房，即长子，假如六星出问题，往往父亲与长子都同时出事，这是因为乾代表男主人，亦代表颈部，逢六字受煞，那个人会头痛，最危险的情况是脑内生瘤，这类疾病通常都由于六白星出问题。

举例六白与一白走在一起，原本代表有金又有水，但实际的情况是六与一走在一起代表脑内生瘤。六与九走在一起，很容易变成癌症。不过大家看见这些飞星组合不用害怕，因为当中亦有轻和重的分别，稍后我会教导大家方法去分辨和解救，并非所有组合都会产生严重影响。

六·七交剑煞

六七并非好的组合，因为六是金，七亦是金，两个金走在一起，称为"交剑煞"，代表刀光剑影、开刀、抢掠、武斗等。六七在攘星断事中是一个著名的煞，与二三斗牛煞、二五交加必损主等经常同时出现。

六·八富比陶朱

六八与二八一样，"富比陶朱，坚金遇土"。六白的金遇到八白的土，八白土生旺六白金，所以有如陶朱般富有，是很好的财星组合。

六·九火烧天门

六白星最忌与一或九走在一起，六九称为"火烧天门"，九是九紫离火，六白属金，火能熔金，六代表乾卦的父亲，亦即是天门，所以称为火烧天门，即是火烧着了父亲，代表父亲或长子出事，或颈部有病，火烧天门亦代表家中的长者被火烧。六属金亦代表肺部，火烧着肺部代表患肺病，会咳嗽吐血，所谓"天门见火翁嗽死"，从前的肺痨病，便是由于受六九影响。

七赤·破军

七赤星在七运中是当时得令，但踏入2004年之后，七赤属于退运星。七赤本身代表口舌、斗法，亦代表妾、妓等女性，所以七运大利黄色事业，亦大利以唱歌、口才去赚钱的行业。七有葫芦之义，七运亦代表命卜，医生可以兴家立业。但随着七运退去，代表以上行业亦开始退运。

七·七口舌之灾

七七双星到会，称为医卜兴家，代表可以凭医学和占卜兴家。七赤代表嘴，双七到会代表嘴会容易出事，例如生下来的婴儿出现兔唇，或者口腔出现毛病。双七会影响主妇和孕妇，这一点大家要留意。

七·八生财置业

七代表金，八代表土，土能生金，七八代表富有，可以买屋买田和置业。当香港在1984年进入七运之后，人们愈来愈富有，地产不断飙升，这是由于受到七运的影响。

七·九回禄之灾

七九最有名的说话，就是"七九合辙应回禄之灾"。这个灾在1997年发生过一次，回禄之灾的意思是，你赚了多少钱，要全部归还对方。古时的回禄之灾代表抄家，因为只有抄家，才会将所有赚来的钱回归朝廷。

现代没有抄家，但你买楼之后变成负资产，这一种亦是回禄之灾。假如你曾经置业，近年你大有可能经历回禄之灾。

七九亦属于"紫黄毒药，兑口休尝"。紫是九，黄是五，九五走在一起，会变成毒药，当再有一个七走出来，变成将毒药放进口中。假如没有七，九五代表皮肤病，会皮肤中毒。但一遇上七，便代表吃毒药入口，于是容易肚痛，严重的会变成癌症。

七运中特别多人患癌，理由是七字一遇上九和五便会变成癌症。在七运之中，五、七、九这3粒星都代表癌症，七运盘特别多九五的组合，大家在峦头上要小心不要催旺九五，飞星上有九五的话不要再催旺七，否则便会出问题。

七九除了应回禄之灾，是紫黄毒药、兑口休尝之外，七九亦是"午酉逢江湖花酒"，江湖花酒即是色情业，午是九，西是七，九紫离火撞上七赤星，便会出现江湖花酒。现代的江湖花酒代表网上色情活动，亦代表包二奶依然昌盛。

这种风气亦相等于七九的回禄之灾，因为那些人将赚来的金钱，全部花在江湖花酒之上，这是受七运影响的现象之一。

八白·左辅

八白星是一级大财星，现在正值八运，八白星当时得令，凡遇八字数均为当旺得令。

当两颗八白星相遇，意味着大旺田产，且人丁兴旺。

而在行八运的这20年中，九紫是未来星，八白与九紫在一起也意味着大旺发，富可敌国。但要小心眼疾。

行八运时，八白属土，容易招来五黄和二黑，在摆设风水物品或选择方位时要注意。

八·八双星到会

八白星属土，在八运中八白当时得令，八八旺田产，发丁财，是最佳的飞星组合。

八·九婚喜重来

八九叫"八逢紫曜婚喜重来"，逢八白与九紫撞在一起，必定喜事重重，富堪敌国。

不过九紫有很多火，火与眼睛有关，假如九紫星飞到床上，代表眼睛可能出毛病。假如你同时将三尖八角的水晶放在床头，眼睛必然受损。

九紫·右弼

九紫星是未来星，在八运的 20 年中亦属当时得令。同时，九紫星又是桃花星，五行属火。与其他星在一起时会形成不同的桃花，有正桃花和烂桃花之分，需要小心辨别。

当两颗九紫星相遇时，意味着名利双收，步步高升。

同时，九紫星还代表炉灶。当想要有正桃花或要避烂桃花时，可以在炉灶处落墨。

九·九青云之路

九九同宫称为"火曜连珠，青云路上自逍遥"。意思即是一个人很有智慧和学识，能够在青云路上逍遥自在。亦即是一个人有名又有利，又能够很快乐逍遥地生活，这便是九九同宫。

八运掌形泰山石胆

下元八运为艮卦，代表与手指有关者当旺。八运 20 年，"八运掌形泰山石胆"置于家中床头枕山，招八运贵人。任何家宅外面对尖角暗射或天斩煞等凶象．可放一石化三山，又能夺八运之气，一家平安。

文 昌 风 水 物

文昌纸镇贵人笔

文昌塔

状元帽贵人扶

四禄文昌水井

混沌通

如果九九同宫飞到一个位置有三尖八角的水晶，或者那个位置是一座嶙峋的山头，轻者生眼挑针，严重者甚至会失明。何谓嶙峋?一座山要绿油油地布满花草树木，才称得上是好的山。一座山如果寸草不生，或者当中出现秃地，或尖角嶙峋，便不是好的山。

　　有些人经常眨眼，这代表散财，容易损失金钱。产生这种现象的原因，必定是屋外出现尖角，例如某座大厦有尖三角建筑或摆设对着你所住的窗前，而刚巧有九紫星飞临那个尖三角位置，便会令眼睛受损。

　　好了! 九星的 81 种组合已经传授给你了，要慢慢应用及消化，最重要先为自己所睡的床算算，到底目前有那只星飞伏，配合流年每一年的运势也尽在掌握了。

第 8 章

将飞星学与玄空大卦结合运用，可令风水的准确程度由 24 个组合增加至 384 个组合。

实战布局

玄空九诀

本篇内容

第八章　实战布局　玄空九诀

飞星实践

大家学习飞星之后，要开始进行实战，去感受风水的力量。

大家打开万年历，会看见顶部的农历月份之下是月柱，月柱之下是、九星。比如下一个月是农历四月，即新历的5月5日至6月5日。

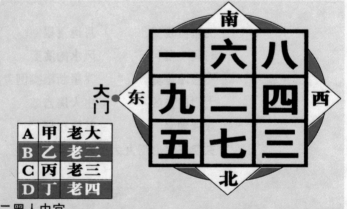

二黑人中官

以农历四月二黑入中官做例，假如九紫星飞临你家中的大门口，九紫代表爱情、桃花及9字的数目。

假如你有4个儿女，以长幼去排列. 老大行九紫运，老二行一白运，老三行二黑运，老四行三碧运。亦印是这个月老大行桃花运，老二行财运，老三经常要看医生，老四有较多是非。

(左图)你亦可以通过房间的大门去测试，主人房是A房，长子房是B房，如此类推，到最后工人房是D房，如果D房行三碧星，三碧星即是蚩尤星，代表工人经常驳嘴顶颈。

假如你看见农历四月的九星写着二黑，代表二黑星在农历四月飞到中宫。你以二黑入中宫做一次飞伏找出九区星宿的位置，便马上可以知道在农历四月之中，你家中将会有什么事情发生。

假如你家中的大门向东，这代表在农历四月期间，九紫星飞临你家中的大门口。

我之前教导大家的游戏规则，是先定出世运星的宅盘，即是在七运中以七字入中宫，或者在八运中以八字入中宫，然后根据世运盘的方向，找出代表坐山向首的飞星数字，放入中宫再飞一次，最后加入流年飞星，便将整个宅盘的飞星位置全部确定下来。

月运飞星

但我现在教大家玩一个简单的游戏，就是无须再理会宅盘内的飞星。你只须单看某个月份的飞星位置，找出有哪些飞星降临到你家中各个方位，便可以从而测试出飞星为你带来哪种生活上的变化。

我仍以农历四月二黑人中宫做例，假如九紫星飞临你家中的大门口，九紫代表爱情、桃花及9字的数目。

假如你有4个儿女，以长幼去排列，老大行九紫运，老二行一白运，老三行二黑运，老四行三碧运。亦即是这个月老大行桃花运，老二行财运，老三经常要看医生，老四有较多是非。

用这个方法去测试，你可以求证到这个月之中，家中子女应验哪些飞星。

你亦可以通过房间的大门去测试，主人房是 A 房，长子房是 B 房，如此类推，到最后工人房是 D 房，如果 D 房行三碧星，三碧星即是蚩尤星，代表工人经常驳嘴顶颈。

到了农历五月，长子行八白星，亦即代表财运，假如世运行七运，到了农历六月，当飞星行至七赤星的时间，代表长子在工作上当时得令，那个月份是他工作上最有表现的时候。

大家现在马上找出这个月有哪一粒星飞到你家的大门口，然后将这个月发生的事记录下来，你便可以实际体验到飞星的效应。

以睡房为例，用这个方法，你可以找到这个月有哪粒星飞到你的睡床上。假如不幸地这个月有五黄星飞到你床上，你便将今年化五黄的风水物品放在床上的五黄位，可以使你这个月顺利过渡。

以上便是根据每月的飞星去判断方位的吉凶。

时间飞星

再精密的计算，可找出每日的飞星，以至每个小时，甚至每一刻的飞星，一刻即是 15 分钟。

研究下来，你会发现一个有趣的现象，假如这个小时有九紫星降临你家的大门，代表这个小时内会有 9 字的桃花应数，总之所有与九紫有关的应数，都会在这个小时内在大门发生。

结果在这个小时之内，长子带女朋友回家，这是桃花。之后次子带了4个朋友回家看影带，然后你的丈夫回家，于是家中共有9人，应了9字之数。

在日常生活中，只要我们细心去研究分析，可以将风水掌握得出神入化。但在出神入化的同时，你开始面对痛苦，因为你每天从下床开始便要计算飞星，之后吃饭、工作，你都不断在"飞"。

所以大家可以将以上作为一个游戏、一种实验，使你学习和掌握飞星的运用，但无须每时每刻去计算飞星的飞伏。你明白以上的道理，便能够明白你今年虽然有财星降临，但并非每个月都财源广进，因为气运亦同时受月星影响，使我们每个月在运程上都出现起跌。能够捕捉到飞星吉凶起伏的变化规律，会发现原来飞星可以占算出极多人生的秘密，令人惊叹！

风水的演变

大家现在所学，是风水学中最有趣及最精华的部分。但原来香港最早流行的风水，称为"八宅派"，这种风水很易学，5分钟便可以学会。这是一种没有时空的占卜，即是没有时间上的差异，只将人分成"东四命"和"西四命"两种，属于东四命的话，将所有需要的东西放在东四命，所忌的东西放在西四命。假如丈夫东四命，妻子西四命，丈夫要睡在东四命的床，妻子要睡在西四命的床，那是固定的方位，不会每年变动，这便是最早期风水学的一种。

有另一种叫"玄空大卦"风水，是用易经六十四卦去看风水，这种学问亦颇有趣味，但在谈及时空的部分，仍然不及飞星的变化和吸引。因为飞星学集合了八卦、五行、九星3种东西组合而成，每一粒星有本身的五行和个性，亦有所代表的方位和家庭成员，飞星学的变化可说是无穷无尽。而风水学的进阶研究，就是将飞星学与玄空大卦结合运用，可令风水的准确程度由24个组合增加至384个组合。

现代的飞星学只用8个卦象，我正在研究用飞星去包含六十四卦，即是将玄空大卦汇合飞星之中，因此飞星和易经仍有很多尚待研究和发展的空间，将易经占卜与风水及飞星汇合，将会是术数界的另一伟大发明。

实践才是真

近年来由于风水术的愈来愈普及，造成一个好处，就是我们可以有更多机会将前人的风水学加以实践和考证，发掘出更多前人不知道的秘密。当实战和实验愈来愈多的时候，我们可以找出哪一家的风水最准确，因为理论归理论，实践才是最重要。

比如，大家可以在即将来临的月份，找出大门口有哪一粒飞星降临，然后记录整个月内发生的事情，你便可以得出一个研究报告，明白当某粒星飞临的.时候会应验哪些事，你甚至会发现很多应验的地方是书中没有提及过的。

　　因此你要学习飞星风水，要先由一个小小的实验报告做起，对于你掌握家宅方位和飞星特性有很大帮助。

　　你最好找几位志趣相投的朋友，将几个家宅的飞星应事记录集合在一起，那个报告便很有代表性。你可以更清楚明白每种飞星的特性和应验方式，亦会发现更出乎意料之外的效果和现象。

飞星断事实例考证

　　到此我已经向大家讲解了所有飞星组合，相信大家对飞星已经有一个基础的了解。其实每粒飞星即是一个密码，这个密码代表那个方位的吉凶。我现在举一个例子，使大家明白整个飞星断事的操作方法和程序，然后大家便可以为自己的家居勘察风水。

　　我用一间子山午向的屋去做例，因为中国人最喜欢住在坐北向南的屋里面。我现在与大家一同分析以下这间屋的风水。

大门口吉凶

　　大家现在到达一间屋，去找出这间屋的风水布局。这是

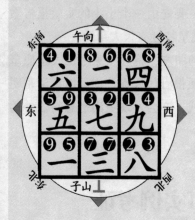

子山午向九宫格

当你决定以单位大门做坐向之后，你站在大门口前面，用罗盘找出方位。你发现这间屋的坐向是子午向，而大门口在午向的东南方。

你画出子山午向的宅盘，找出大门口在④①的位置，这是第一点你要知道的事。

子山午向宅盘.

将宅盘分成9格，假如是写字楼，要先找出老板房的位置。

假设现在是七运，选择⑦⑦那一格作为老板房，因为在七运中当时得令。在老板房旁边加设秘书房或会计部，同样可以获得当时得令的效应。将超出双⑦的范围用来傲书柜，或者摆秘书柜。

第二个最旺的地区是西南方的财位，在这一格设立会计部，六八同官，富比陶朱。

一间七运屋 (指在 1984 年~2003 年间修的房子)，我们以七运盘为基础去计算宅盘。

当到达现场的时候，首先要找出这间屋的坐向。假如那是一间独立的屋，你只须依照整座建筑物的格局去找坐向，无须选择用哪一扇门去做坐向。

但假如那是大厦里面的一个单位，你可以用单位本身的大门作为坐向，无须理会大厦的坐向。

当你决定以单位大门做坐向之后，你站在大门口前面，用罗盘找出方位。你发现这间屋的坐向是子午向，而大门口在午向的东南方。

你画出子山午向的宅盘，找出大门口在④①的位置，这是第一点你要知道的事。

主人房吉凶

第二点你要知道，假如这间屋仍未有任何间隔，主人房或老板房应该设计在哪个位置？

你将宅盘分成9格，假如这是一间写字楼，你现在要马上找出老板房应该坐落在哪一格上。

假设现在是七运，于是你必然会选择⑦⑦那一格作为老板房，因为在七运中当时得令。在老板房旁边加设秘书房或会计部，同样可以获得当时得令的效应。

由于双⑦只占子向的1/3，飞星学很讲究这个区分，要真的量度清楚双⑦所占的长度。量度的方法，可以根据我之前曾经教导的方法，就是数天花或者地板格数。如果屋主希望房间的面积尽量大，可以将超出双⑦的范围用来做书柜，或者摆秘书柜，但老板所坐的位置必定要位于双⑦范围之内。

双星到坐

双⑦到坐的意思：坐山的七运星与向山的七运星都同时飞到坐北的方位。坐山的七星飞到坐方，我之前已经介绍过，代表丁旺，即是身体健康良好。但向山七运星飞到坐山，代表失财，因为向星要见到向水，才能够大旺财运。

所以在以上单位，假如坐方是一块密封的墙，或者后面是一座山或后巷，双⑦不能够代表好风水，因为七运所到之处，要做到收山收水。山星已经有，因为这一个是坐方，但向星是水星，必须在峦头上见水，否则这间屋不能有财。

补救的方法，可能要在屋中央加一个瀑布水流，来生旺向方的水。

另一个方法，是将会计部或收银处面向着双⑦而坐，亦可以增旺七运向星的峦头。

假如双⑦的位置是~排窗门，窗外是马路、天桥，甚至见到海或水池，代表这个单位可以赚大钱，整座大厦属于这个坐向的单位都有非常好的风水。

有另一个情况，假如以上单位是地铺，如果能够在双⑦的位置再加开另一个门口，这个门口必定客似云来，于是这间店铺有非常好的财运。

其他布局

当找出全屋中最旺是哪一格，即是双⑦那一格，然后做出适当布局之后，我们再观察其他方位的布局。

以上单位内第二个最旺的地区，就是西南方的财位，在这一格设立会计部当然最好，因为六八同宫，富比陶朱，坚金遇土。旁边的一格同样是财位，同时可以按实际需要加以运用。

于是大家已经找出来，双⑦、⑥⑧、⑧⑥就是屋内最旺的 3 个区分，这 3 个地区都可以设立赚钱和进取的部门，包括老板房、会计房、营业及推广部等。

有一个地方大利设计部，就是④①的分区。如果要设计时装，或者起草企划案，最好设在这个区域。

这间公司的中央由一组飞星掌握，令所有进来的人都出现这一种形格，那就是二三斗牛煞。假如安排职员在③②的地区工作，这些职员经常不和。

如果在⑨⑤或⑦⑤区工作，这两区都是紫黄毒药，代表在那里工作的人经常吃东西，而且会因为吃错东西而生病。

中国人都喜欢住在坐北向南的楼宇中，大家从这个例证可以发现，原来凡坐北向南的单位，东方和东北都是癌病区，母亲住在这个区不会出事，但儿子住在这里会出问题，因为这两个区代表儿子。假如命卦属震或艮卦，或者属三碧或八白命卦，进入这个宫位同样有可能出问题。

因此当你将家宅分区画下来的时候，便马上知道每个位置的吉凶，然后应每个分区的飞星去摆设和布局。

玄空飞星心得九大要诀

我整理过往 20 年的经验，归纳出 9 个要点，这是前人从没有发表过，是经我整理之后首次公开的风水学精华要诀。

当大家认识飞星之后，会发现飞星内藏很多凶险，仿佛家中每个位置都满布危机，究竟如何解决是好？我现在逐一为大家介绍以下的风水要诀。

第一点气口司一宅之枢龙穴乐三吉之辅

"气口司一宅之枢"的意思，即是飞星只有在一种情况之下被催旺，那就是该位置经常有人出入，或者那个地方经常有空气流通，飞星的吉凶便会被催旺。

以上述单位为例，双星到会飞到北方，如果在北方开一个窗，七星便会被催旺，尽量拉开窗帘，也能增旺七星。如果那个位置后面是马路、泳池、天桥等流通的环境，当然更加大旺。

所有飞星只有在一种情况下才会应验，就是那个位置出现了一个与飞星有关的峦头，才会使飞星应验。如果那个位置的峦头与飞星无关，那种飞星现象不会产生。

当进入一间住宅的时候，我们先要找出这间屋面对的最大问题所在，而永远第一个地方先看的，就是大门口，因为那里是整间屋的气口。正因大门口是最重要的纳向，中国四合院的设计，就是将整个院子归于一个出入口，以便吸纳最好的气场。

所以门口永远是整间屋最重要的方位，你先用那个方位的飞星去论断整间屋的吉凶，通常是最应验。

在前几节的例子中，我们有很多种解说去做出论断，但最准确的，是大门口的①④同宫，意思即是这间屋的人都比较有文化气质，亦有较多桃花，所以这一间是爱情屋。这个论断一定比其他方位的吉凶更准和更强，因为纳气口是①④。

另一种纳气口通常指窗口，那个位置的飞星亦会大旺。如果双七星位置有窗，那是当时得令，这间屋有正桃花，不是失运桃花。

但如果双七的位置是墙，双七没有效力，即是这间屋不当令，所以这是退令桃花屋，代表不正桃花、淫荡邪亵。

在明白飞星的特征之后，要学习如何去断事，这是风水学最困难的部分。但经过我的详细分析之后，大家可以马上明白当中的玄机，原来风水之道首要就是掌握气口。

除了大门和窗口，有另一处地方亦属于气口，就是空调，因为那个地方不停有风吹动，会催旺那里的气场。

总之屋内任河当风的地方，都会催旺那个地区的飞星。所谓"气口司一宅之枢"，所说就是当一间屋要看风水的时候，最重要是先看气口。气口不单指一个，打开窗是气口，排气扇甚至抽湿机都是气口，假如厨房排气扇的位置是⑨⑤，代表厨房所煮的食物很容易出问题，要额外小心。

至于"龙穴乐三吉之辅"，在飞星上，一白、六白和八白是三吉星，"龙穴"指坟地或住宅，所谓"龙穴三吉"，即是最重要就是找出这 3 粒吉星飞到哪里，意思相当于在刚才的实例中，我们先要找出双七在哪个位置。

第二点　一贵当权群凶慑服

以刚才的单位做例，门口是四运，假如当令是七运，代表这间屋输了 3 个运，即是这间屋内的人落后了 60 年。

假如想将这间公司现代化，方法是在⑧⑥开门口。只要将④①的门封上，改在⑧⑥开门，于是年轻人马上在这间公司当上经理，如当令是七运的话，八运代表未来运，即是年轻一代会掌权，而公司亦会随之而现代化起来。

在刚才的单位中，假如在双七位置开门，顾客便由那扇门涌进来，所谓"一贵当权，群凶慑服"的意思，不要花时间在不重要的飞星上，例如二三煞或九五煞等，暂且不要理会，先找出最重要、影响力最大的飞星去布局。而首先要处理吉星，当吉星被催至最旺的时候，其他飞星便显得不重要，因为"一贵当权，群凶慑服"，那时凶星的峦头自然消失，例如你无缘无故将 5 箱杂物搬走，或者将 5 块水晶拿走。由于生意太繁忙，员工没有时间斗气，亦没有时间乱吃东西。

这些就是风水学的精要之处，不能明白这些心得，虽然学习了飞星，仍然只能原地踏步，不能理解何谓风水。

催旺气口的方法，可以摆风扇、鱼缸，甚至摆一块镜。只要将当旺星催谷至最旺最盛的时候，自然不用害怕其他凶星的影响。

第三点　山星向星掌一宅之运

当我们研究飞星组合的时候，我们发现每组飞星包含 3

个数字，包括运星、坐星和向星。我现在公开这个风水学上的秘密，原来当中只有坐星和向星最重要，因为坐星和向星由运星演变出来，是将宅盘消化后所得出来的坐向飞星，当找到坐星和向星之后，无须再理会原有的宅盘星。

这是我从事风水行业的个人心得，大家在其他书籍中无法找到这种解释，即使学习风水很长时间的人，都未必能够领悟出这个秘密和道理，这是大家看我的书籍才能够知道的秘诀。

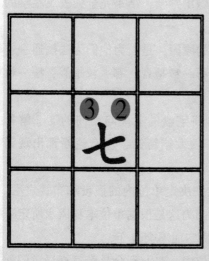

宅盘星不重要

以图中的飞星组合为例，我们一般只看③⑦组合，这是最重要的飞星，七字宅盘则无须理会。

流年星的作用是催旺，而宅盘星并不重要。首要是坐向星，次要的是流年星，这两组就是风水学上最重要的飞星。

一般人无法学懂飞星的原因，是因为他们无法搞通一连串飞星的关系，不能分辨哪一粒是真，哪一粒是假，哪一粒有效，哪一粒无效。

以图中的飞星组合为例，我们一般只看③②组合，这是最重要的飞星，七字宅盘则无须理会。

第二组最重要的飞星是流年星，我们要观察流年飞星飞入之后所引起的变化。举例流年有一粒②飞进③②之中，于是二黑很强，代表今年的病痛特别多，因为二黑飞入中宫。假如流年有三碧星飞入，代表是非、官非，因为三碧代表贼星。

所以流年星的作用是催旺，而宅盘星并不重要。首要是坐向星，次要的是流年星，这两组就是风水学上最重要的飞星。

不能明白这个道理，将宅盘、命卦，以至月、日等飞星全部看成同等重要地去分析，结果由一至九的飞星都同时出现在一个区域内，便无法做出判断，结果完全失去飞星学的神韵，无法掌握当中要门。

一般人无法学懂飞星的原因，是因为他们无法搞通一连串飞星的关系，不能分辨哪一粒是真，哪一粒是假，哪一粒有效，哪一粒无效。

在上述例子中，假如将宅盘的七星与坐向的③②解释成二七同宫或三七同宫，便大错特错，所有论断都出现错误。

当大家根据坐向飞星去决定单位内的摆设和布置之后，这种布置无须每年移动，因为这是根据单位本身风水所定下来的布局，单位的坐向是固定而不会改变。

在以上子山午向的单位中，双七到会是帝皇格局，假如今年有一粒五黄星飞到双七，做法是你只须在那个位置摆放风水物品去化煞，而并非将原本放在双七的写字台到另一个位置。理由是你移动写字台，虽然可以避开五黄，但写字台由一个帝皇格局搬到一处较差的位置，代表你虽然可以身体健康，却失去做皇帝的机会。

情况相当于你想做一个身体有小毛病的皇帝，还是做一

学风水的第一本书

个身体健康的乞丐?选择当然是你宁愿继续做皇帝,因为五黄可以化去,你的病痛只会很轻微,故此一切摆设都以单位本身的格局为大前提。

这便是风水学上的第三要诀,就是在整个飞星组合中,坐星和向星是最重要的飞星,运星的影响力排到最后,并不强调。

第四点　流年星掌变化

在每组飞星之中,左边称为"山星",右边称为"向星",山星掌管健康和人丁,向星掌管财富。以三二同宫这个组合为例,三为坐星,二为向星。

在八卦中,三字代表长男,代表影响长男的身体健康。二字代表母亲,代表影响母亲的财富。

当我们了解坐向飞星组合的含义之后,我们要找出每年流年星飞入每个宫位所产生的变化,我们称之为"吊入",即是要知道流年星吊入坐向星之后会产生什么现象。

举例:某年有六白星飞入三二同宫,六白属金,三属木,木受金所劈,代表长子的身体可能出问题。二黑属土,当六白飞入二黑,土生金,代表二黑被化泄,母亲会失财。根据每年流年星的变换,我们可以知道一个家宅在世运的20年之中,每年会有什么事情发生。

第五点　忌纯阴纯阳

飞星有阴阳之分。

阴性星为:二黑 (母亲)、四绿 (长女)、七赤 (幼女)、九紫 (中女)。

阳性星为:一白 (中男)、三碧 (长子)、六白 (父亲)、八

白 (幼男)。

飞星组合亦有阴且有阳，阴阳既济，代表那个宫位较为健康。飞星组合最忌纯阴或纯阳，假如3个纯阳或纯阴飞星走在一起，乃大凶之象。

所以未看飞星的神煞之前，先看阴阳组合，举例二三是斗牛煞，在分析斗牛煞的效应之前，先看二三组合的吉凶。

假如将二三与二二比，二二比二三凶；二三与二四比，二四比二三凶，理由是一阴一阳比纯阴好。

同一道理，一三、一六、一八比二三凶，因为理由是一阴一阳比纯阳为好。

所以分析飞星吉凶的顺序是先看纯阴纯阳，然后再看飞星的性质。

第六点　流年星五大冲击

在判论飞星组合的时候，我们要找出流年星对坐向星产生什么冲击。

举例在七运中，一个家宅在南方有双七到会，你要判定今年有什么飞星飞进双七，令这个家宅产生哪一种变化。

假如今年有四绿星飞进双七，四属木，七属金，金要劈木，代表金会劳损，令七运未能如之前般强大。

根据这种原理，我们归纳出5种流年星与坐向星汇合时所产生的现象，大家可以一目了然地了解流年星的判事方式。

假设在七运中，一个家庭的南方有双七到会，七赤是主星，客星就是每年飞进双七位置的流年星。

(一) 相生——假如客星是"八白"，八白属土，土能生金，可以生旺七赤，称为相生，代表这个家宅今年在南方有非常好的财运。假如今年的流年星是四绿，明年将会是三碧，如此类推，你可以告诉屋主这间屋在5年之后有八白财星降临。你亦可以倒数，告诉屋主这间屋在4年之前曾经大旺。当八白星降临的时候，在那个位置尽量开门、开窗、开风扇，便可以催旺八白。

（二）比旺——在七运中，当令星飞到双七，这一种固然大旺之象，称为比旺。

流年星（客星）	坐向星（主星）	飞星效应
八白	七赤	相生
七赤	七赤	比旺
一白	七赤	退气
九紫	七赤	冲煞
三碧、四绿	七赤	劳死

流年星与坐向星的飞星效应表

假设在七运中，一个家庭的南方有双七到会，七赤是主星，客星就是每年飞进双七位置的流年星。

（一）相生——假如客星是"八白"，八白属土，土能生金，可以生旺七赤，称为相生，代表这个家宅今年在南方有非常好的财运。

（二）比旺——在七运中，当令星飞到双七，这一种固然大旺之象，称为比旺。

（三）退气——假如一白飞进双七，一白属水，金生水，金会泄气，称为退气。

（四）冲煞——假如飞进九紫，九紫属火，火能熔金，令金受损，称为冲煞。

（五）劳死——假如三碧或四绿的木星飞进七赤，金要劈木，会令金劳累而死。

（三）退气——假如一白飞进双七，一白霞水，金生水，金会泄气，称为退气。

（四）冲煞——假如飞进九紫，九紫属火，火能熔金，令金受损，称为冲煞。

（五）劳死——假如三碧或四绿的木星飞进七赤，金要劈木，会令金劳累而死。

第七点　坐星为主向星为客

在飞星的坐向组合中，原来四八与八四有所分别。四八代表四绿强于八白，八四代表八白强于四绿，当两个数字走在一起的时候，第一个数字强于第二个。换言之，坐星的影响力较向星强大，坐星为主星，其他属于客星。

第八点　阴星受煞最凶

阴星受煞必定比阳星受煞更加凶，二、四、七、九的阴星受煞，后果会比阳星受煞严重得多。

假如二黑见木、四绿见金、七赤见火、九紫见水，后果比一白见土严重，理由是阳星不太受煞，但阴星受煞便会产生很大问题。

举例二黑受煞会出现寡妇，代表女性很痛苦，及出现伤亡。七赤受煞代表口腔出问题，亦代表淫乱或恶毒之妇。

四绿受煞会令长女出事，四绿是疯症癫狂，代表精神出现问题，吃摇头丸甚至自杀等现象。

所以逢阴星受煞，家中出大事，而女性首先出问题。

第九点　反吟伏吟哭吟吟

洛书元旦盘以五字为中宫，假如宅盘的坐星与向星亦同样出现以五字为中宫，称为"伏吟"。

在七运盘中，庚山甲向与甲山庚向的宅盘都犯了"伏吟"，假如以五字为中宫逆推，称为"反伏"，无论伏吟或反伏，都代表极差的风水，故有云"反吟伏吟哭吟吟，不死自己死亲人"。

庚山甲向的宅盘除了犯伏吟，亦犯了上山下水，即是七运向星走到坐方，坐星走到向方，于是山神跌入水，龙神上了山，代表丁财两失，是劣中之劣的风水局。

反吟伏吟哭吟吟

洛书元旦盘以五字为中官，假如宅盘的坐星与向星亦同样出现以五字为中官，称为"伏吟"。

在七运盘中，庚山甲向与甲山庚向的宅盘都犯了"伏吟"，假如以五字为中官逆推，称为"反伏"，无论伏吟或反伏，都代表极差的风水，故云"反吟伏吟哭吟吟，不死自己死亲人"。

甲山庚向

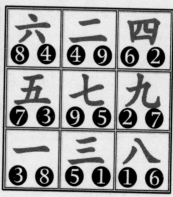

庚山甲向

举例 2004 年为甲申年，假如你的八字中见甲申，或八字大运行至甲申，亦同样犯了伏吟，尤其出生月份与流年或大运犯伏吟，一定代表悲哀之事不绝，终日以泪洗面。

假如家宅犯了伏吟，需以布局去改变风水，否则必定惹很多麻烦。因此玄空九诀在应用上十分重要!

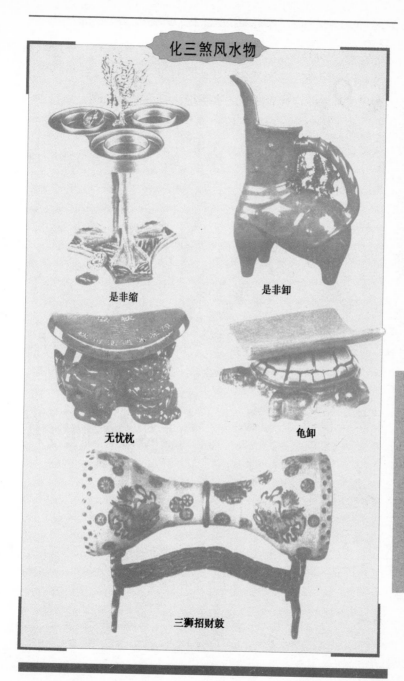

化三煞风水物

是非缩

是非卸

无忧枕

龟卸

三狮招财鼓

第 *9* 章

命卦的名称与飞星名称一样，是将人分成由一白至九紫共 9 种命卦。

楼居吉凶

运分顺逆

本篇内容

第九章　楼居吉凶　运分顺逆

风水进阶断事秘法

大家通过那些理论性极强的书籍去学习风水，一定会学得非常辛苦，因为你不能做出精辟的选择。你无疑可以学到过千个口诀，但当你要运用的时候，同一时间有数十个以至数百个口诀涌出来，有过百种可能性，你根本不知道如何下结论。

所以风水到了最后，经过我实战多年之后所领悟的心得，就是只须找出那个风水的精粹所在，其他地方不用理会，因为已经"够用"，再研究下去的时候，会产生一个弊端，就是懂得愈多，愈难做出判断。

例如，你要先决定采用哪个门口作为纳向，假如你无法决定以大厦门口还是用单位门口、用正门还是用偏门作为纳向，你所看的风水一定不准。

我看风水的心得，就是不要那么快进入屋内，最好先在屋外徘徊一段时间，因为当你一进入屋内，便受到屋内磁场的影响，令判断可能出错。

我看风水的时候，会先由助手进去。我在屋外会测量出所有方位，想象一次屋内布局的可能性，找出这间屋可能会发生什么事情，会出现什么问题，然后为所有可能发生的问题想出解决办法。当我进入屋内的时候，我其实只是去引证刚才根据飞星盘所作的推断是否准确。进屋后我会开动录音机，在屋内一口气将所有情况告诉屋主人，目的就是尽量避免在屋内思考，因为我必然会受到屋内磁场的干扰，以至影响判断的准确性。

举例假如我站在屋内的五黄煞向顾客讲解风水，我所说必定不是最好的风水。但我亦不能只踏在吉星方位上，因为在讲解的过程中，需要走遍全屋每一处去勘察和给顾客解释。

因此你要为自己的家居看风水的话，你最好先在屋外停留一段时间，或者在家中的露台、大厅静静地坐下来思考，要尽量不受屋内磁场干扰。有另一个很好的办法，就是假如你有朋友亦看我这本风水书，你们最好互相替对方看风水，因为你本身太了解自己的家居和家庭成员，会很容易造成过于主观，未能依据原理去客观分析。

坐向改运

相信大家已经清楚，罗盘的方位有二十四山。你不可以说东方便是好风水，因为东方有 3 个山，要清楚知道属于哪个山，如果庚山甲向代表极差的风水，而你的屋不幸是庚山甲向，是否坐以待毙?非也! 方法是要将门口改变方向。

改方向其实并不难，只要将门口的方位略为改动便可以。你请装修工人将大门连门框造成斜角，令大门可以顺应方位需要去出现倾斜，这样便可以布置出一间财中之财的富贵屋。你根据罗盘的方位在地下画出一条线，装修工人自然懂得将大门口安装在那条线上。这一种便是风水的绝学，亦是中国的国粹所在，很值得去发扬。

玄空大卦

术数家在研究九宫飞星的时候提出一个问题，在罗盘上的二十四山之中，是否仍可以在某山之中找出一个更好的山向?亦即是不单止分成二十四向，而是更细微地分成六十四向! 可能二十四山对于大家已经感到很复杂，但术数家认为真正要研究术数，准确程度要将方向细分成六十四向，并不满足于二十四山，甚至不满足于 64 个组合，而是要满足于 64 乘以 6 的组合，即是共有 384 个组合。

那就是当你要开门口的时候，假如你要选择一个风水最好的方位，准确程度是要达致 1/384，才算是最精确的风水计算。

我现在便要教导大家这种如此精确的计算方法。

举例：金朝阳大厦是寅山丙向，这一个坐向之前已经介绍过，称为双七打劫，可以抢到顾客的财富。现在我们要在寅山和丙向的卦象中，再取其中最好的卦，即要取得卦象中六爻最好的一爻，然后选正在那一爻的位置开门，这一种便是风水学的极点。

单是研究二十四卦，我们称此为"飞星学"，将二十四卦变成六十四卦，这部分我们称为"玄空大卦"，将"飞星学"再加上"玄空大卦"，便可以完整地理解和运用全套风水学问。

所以飞星学的进阶，就是玄空大卦，要先从八卦学起，

学风水的第一本书

要学懂如何通过八卦去衍生很多有趣的占卜学问，例如通过八卦去问事，你想知道出门是否顺利，会出门多少天，可以起一卦预卜，在什么时间回程，都可以用梅花易数去计算出来。这些属于风水的进阶学问，是风水学上很宝贵的资料。

学习风水的人，对于"玄空大卦"的原理亦需要学懂，因为要明白天外有天，要明白飞星之外，有一种更高层次的学问，明白这个层次，便能够明白整套风水学的原理。

玄空断事实例

我以壬山丙向做例，大家在罗盘上找出"丙"字，丙字对下有3个卦，分别是"大壮"、"大有"和"央"。大有之下有''七''字，七字旁边有"上"字和"刀"字，上字代表最上一爻，刀字其实即是初字，代表初爻，即是第一爻的意思。

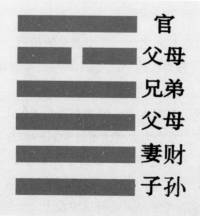

官
父母
兄弟
父母
妻财
子孙

火天大有卦

假如世运为七运，我们选择大有，因为大有对下的七字代表七运。

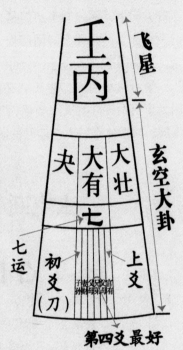

飞星玄空大卦

　　本图为罗盘局部。大有之下再细分成6格，6格之中，初是初爻，上是上爻，从初爻数起，6格分别是"子、财、父、兄、父、官"。

　　以上卦象写出了大有的吉凶。大家看见罗盘上"子"和"兄"爻之上有红点，称为珠宝线，代表吉祥之象，其余的爻称为火坑，意思即是在丙卦之中，以大有卦的"子"和"兄"爻最好，亦即是你最好将门口开在"子"线和"兄"线之上。

　　当你找到丙字方位对你有利之后，玄空大卦的精神，是不满足于飞星学的丙字，需要在丙字之中找出究竟是大壮、大有还是央卦。

　　假如世运为七运，我们选择大有，因为大有对下的七字代表七运，亦即是由丙字，缩窄为大有。不过我们并未满足，大有之下再细分成6格，6格之中，初是初爻，上是上爻，从初爻数起，6格分别是"子、财、父、兄、父、官"。

　　以上卦象写出了大有的吉凶。大家看见罗盘上"子"和

"兄"爻之上有红点，称为珠宝线，代表吉祥之象，其余的爻称为火坑，意思即是在丙卦之中，以大有卦的"子"和"兄"爻最好，亦即是你最好将门口开在"子"线和"兄"线之上。

从这个学理大家可以明白到，一般人只学到丙卦为止，而专家学到"子、财、父、兄、父、官"为止。

假如你公司的门口刚好开在丙山之中"子"和"兄"爻的方位上，这一个是劫财中之劫财，你的公司必定成功赚大钱。

但假如很不幸地，你公司的门口位于大壮，你要将公司的门口稍为改动，令它可以坐于大有之上。

合十局

已经学习了风水方位的玄空绝学，大家要再进一步学习飞星组合的变化和运用。

飞星组合有很多种类型，当你找出家宅盘之后，你要知道家中每个方位有哪一组飞星降临。

除了之前教导大家的一二、一三同宫等飞星组合的运用之外，亦有伏吟的出现，即是坐星或向星以五字为中宫，与元旦盘相同，称为伏吟，代表很差的风水。

在飞星组合之中，有另一种叫夫妻合十局。合十局即是和谐局，假如在飞星盘中见到合十局，代表有很好的姻缘，夫妻可以到老。这是一个很灵验的局，大家可以参考一个八运的合十局。

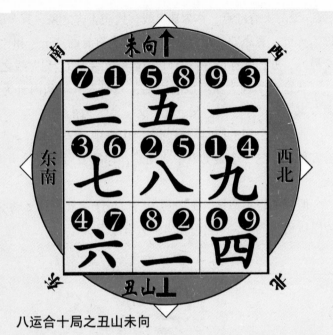

八运合十局之丑山未向

　　在八运丑山未向盘中，由西北方数起，运星九与1字山星相加等于十，之后一与9相加是十，五与5合十，三与7合十，七与3合十，六与4合十，二与8合十，中宫的八与2合十；整个宅盘都是合十的格局。

　　合十局的意思，指运星与山星合十，或者运星与水星合十。

　　在以上的八运丑山未向盘中，由西北方数起，运星九与1字山星相加等于十，之后一与9相加是十，五与5合十，三与7合十，七与3合十，六与4合十，二与8合十，中宫的八与2合十，整个宅盘都是合十的格局。换言之，在2004~2023年的20年八运之中，在丑山未向、坐东北向西南的布局之中，有一个夫妻和谐的合十局出现，代表阴阳交媾，在术数上代表平衡。

　　坐北向南的单位有一个优点，就是逢踏在子午磁场线的屋，都代表风水比较好。

　　不过有一派认为子午向的磁场太强。睡在子午向的方位会容易令身体出毛病，因而在这方面引起争论。子午向是桃花方，是一种极端的方位，亦是最受争议的方位。有一派认为非常好，但有另一派认为非常差，我们作为学习术数的人要知道有这种情况，至于如何去决定好与坏，你其实最好亲身去经历，便可以体会当中的玄机。

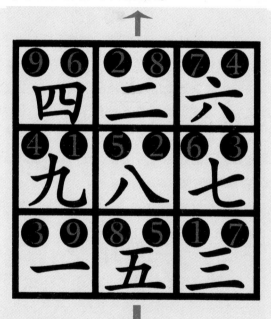

八运合十局之未山丑向

　　合十局即是和谐局，假如在飞星盘中见到合十局．代表有很好的姻缘，夫妻可以到老。

正如你要做一个出色的成功的风水师，你最好找出家中的五黄二黑，自己亲身去经历那病符的威力，正如神农氏要尝百草，才可以找出治病的良药。

我的确曾经故意去亲尝过紫黄毒药，发觉真的非常应验，风水的应验是马上、即时，不用等待3、5、7天，是即摆便即时产生效应。

所以学习风水的人要争取研究不同的宅盘，除了研究，还要争取亲身去经历那些遭遇，才可以真正体会风水的窍门，从实战经验去取得成绩。我们又再看一个未山丑向的宅盘(图见上页)。

在这个盘中可以见到一种情况，就是运星与水星 (向星)合十。假如大家将一运至九运的二十四山宅盘全部写出来，会发现每一种运之中都会出现这种合十的情况。大家明白宅盘的道理之后，无须每次都花时间去计算飞星，因为我在风水书内已经列出有五运至九运的所有宅盘飞星，当你用罗盘找出山向之后，只需参照飞星图盘，便可以根据飞星组合去断事，节省计算的时间。

三般卦

在之前介绍的合十盘中，大家明白阴阳交媾，代表调合和谐的现象。在飞星盘中，除了合十属于好的风水组合，有另一种亦是很好的风水格局，称为"三般卦"。你发现飞星出现以下组合，便属于好的理气。

从这个坤山艮向的盘中，大家发现一种现象，就是当时得令的八运"向星"走到西南方的"坐方"，而八运"坐星"又走到东北方的"向方"，所以这一个是上山下水、丁财两失之局。

(西南)坤

4 1 七	9 6 三	2 8 五
3 9 六	5 2 八	7 4 一
8 5 二	1 7 四	6 3 九

艮 (东北)

八运三般卦之坤山艮向

　　这本是一个上山下水的环局，但因为飞星组合出现"一、四、七""二、五、八""三、六、九"的组合，这种组合称为"人和卦"，代表有极多贵人扶持，事事会逢凶化吉。

　　但情况又并非如此悲观，因为大家还未认识三般卦。虽然这一个盘是上山下水，可是大家还未考虑三般卦的因素。所谓三般卦，是假如飞星组合出现"一、四、七""二、五、八""三、六、九"的组合，有如大家打麻雀叫"三非"的数字，这种组合称为"人和卦"，代表有极多贵人扶持，虽然本身宅盘是上山下水，但事事会逢凶化吉。逢星盘中出现父母三般卦，在卦气上来说，代表人缘好、贵人多，是有救之局。

这一种上山下水局属劣中之极品，是好的风水格局，极差之中亦有极好，就是指这一种局。

连珠三般卦

我们分析另一个在七运中的巽山乾向，是坐东南向西北，亦是上山下水之局，但这种局在一种情况下有救，那就是星盘中出现"连珠三般卦"，即是飞星出现3个连续数的组合，

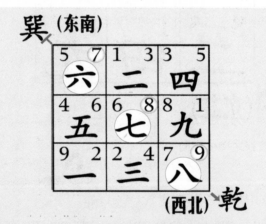

七运连珠三般卦之巽山乾向

飞星出现3个连续数的组合，例如一二三、三四五等，有如打麻雀食糊的排列。这一种称为连珠三般卦，亦属于逢凶化吉的人和卦，可以化走所有灾难。

例如一二三、三四五等，有如打麻雀食糊的排列。这一种称为连珠三般卦，亦属于逢凶化吉的人和卦，可以化走所有灾难，遇到这种卦象，便无须再担心上山下水。

不过在我的经验中，劣中之极品始终还是不及真正极品为佳。最佳的风水，当然仍是我刚才提到壬山丙向之中大有卦的第一与四爻，可以令家宅拥有最完美的坐向。现在所介绍是凶中藏吉之局，学风水的人不能不知。

双星劫财

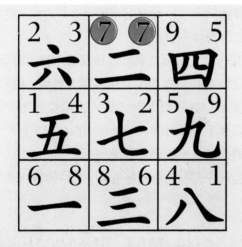

双星打劫

所谓双星到会，以七运为例，就是要选择一处同时有两粒七赤星飞临的地方布局。这种布局出现的地方，就是向运星飞到向方，当然有极好的财富，但山星亦飞到向山，身体自然出毛病。临的地方布局。这种布局出现的地方，就是向运星飞到向方，当然有极好的财富，但山星亦飞到向山，身体自然出毛病。

现在我向大家介绍最好的财局，可以令你赚大钱，但身体会因而受损。过去风水师们认为这一种是上佳财局，所引发的收场就是，顾客虽然可以赚大钱，但纷纷患上癌症或其他绝症，身体极度劳损，原因就是误信双星到会为风水中之极品。

所谓双星到会，以七运为例，就是要选择一处同时有两粒七赤星飞过去的风水师认为双星到会是"七星打劫"，是一级的风水局，但从我的经验中，虽然顾客赚到钱，却损失了健康，这是对七星打劫的误信。

我用壬山丙向做例，大家可以看到问题所在。

双星打劫有分为真打劫与假打劫，均代表狂力催旺财富，但会令身体出问题。一般双七布局会在向方加放瓷器或山石，壮旺山星去使身体不会出事。

台湾有一个风水师对双星打劫深信不移，将家居及写字楼全部布成双星局，亦为所有顾客布下此局。结局就是这个人成为风水界中赚钱最多的人之一，但他在 1995 年大病一场，在医院住了一段时间，于是他明白到双星打劫的后遗症，就是在赚钱的同时，要牺牲健康。

所以世间任何事物皆有好有坏，当中存在因果定数。

命卦配屋·星到运达

当分析了所有星运之后，便可以编排家居的布局，决定将睡床放在哪个方位，纳气口要设在哪个位置。

在我们布局的同时，我们要明白一点，就是家煞的出现，应验在不同的家庭成员身上，并非每个人都会出事，出事的严重性亦因人而异。究竟哪个人会受灾?哪个人会旺发?这关系到一个命卦的问题。

原来每个人都有自己的命卦，你的命卦是否配合这间屋，只要一查便知。

命卦的名称与飞星名称一样，是将人分成由一白至九紫共9种命卦，亦即是将所有人分成9个类型。

举例你的命卦为二黑，而你住进一间壬山丙向的屋内，我为你看风水的话，我会告诉你这间屋并不适合你，何解?

理由是当我们检查宅盘的时候，要先看中宫的位置。在壬山丙向的宅盘中，中宫的飞星为③②。三碧五行属木，二黑五行属土，木克土，假如你的命卦为二黑，即是当你住进这间屋的时候，会受三碧所克。所有住进壬山丙向屋中的人都会大发大旺，唯独二黑命卦的人会出问题。

举例一个宅盘的中宫为⑥⑧，六属金，八属土，假如命卦为六白，土能生金，这间屋对此人有利。假如命卦是八白，金会泄土，对八白命卦有影响，但总括来说，并非受煞的风水，这间屋仍然适合居住。

命卦公式

究竟我们如何找出自己的命卦?下面我为大家提拱命卦的计算和检查方法。

1900～1999	男性：（100－出生年份最后2字）÷9
	女性：（出生年份最后2字－4）÷9
1800～1899	在余数加1
2000～2099	在余数减1

例：1955（男）	100－55＝45÷9＝（余数）0＝九紫命
1950（男）	100－50＝50÷9＝（余数）5＝五黄命
1950（女）	50－4＝46÷9＝（余数）1＝一白命
1878（男）	100－78＝21÷9＝（余数）3＋1＝四绿命
2007（男）	100－07＝93÷9＝（余数）3－1＝二黑命

命卦公式

在占算命卦时，大家可以根据当年所飞星配合命卦公式，推算出当年的理气。

快速检查法

年份 性别	1950	1960	1970	1980	1990
男逆	5	4	3	2	1
女顺	1	2	3	4	5

快速检查法

1950年出生的男性（5），女性（1），男性逆推，女性顺推。中间每年的命卦可以一数便知。

图中这条公式的意思，未来大家在占算的时候，可能有人给你一个祖上辈的八字，去占算这个人的命格，或者大家要知道当年行什么飞星，假如没有这条公式，便无法推算出当年的理气。假如只教大家用快捷的方法去查，1900年以前的命格便无法推算。虽然这条公式使用的机会不多，但当你真有此需要的时候，你亦有公式可以依据。

由于现代人的出生年份大致离不开由1900~1990的100年之间，大家可以索性将命卦死记下来，那就是1950年出生的男性为 (5)，女性为 (1)，男性逆推，女性顺推。

根据这个方法，生于1949年的男性为 (6)，女性为 (9)。1948年的男性为 (7)，女性为 (8)，如此类推。大家只须记下1950年是男 (5) 女 (1)，1960年是男 (4) 女 (2)，中间每年的命卦，可以一数便知。

举例一位女士出生于1963年，196 () 年是男 (4) 女 (2)，女性用顺推，于是你马上可以推出，1963年出生的女性，命卦是五黄。

要知道命卦，我认为用这个死记的方法最简单和快捷。

简单计算法

有另一个快捷的计算方法，以生于1955的男性为例，将55减去11，等于44，然后将4加4等于8。

之后举起手掌，用排山掌的方法，在食指由下至上按(一) 至 (四)，中指按 (五)，无名指由上至下按 (六) 至 (九)。

当算出数字为 8 之后，假如现在是八运，由排山掌的(八) 字倒数 8 格，即是由八数起，然后七、六、五……直至一为止，刚好 8 格，所以 1955 年出生的男性是一白命。假如世运是七，由七赤逆数 8 格，1955 年出生的男性为九紫命。

如果是女性，世运是七，由八白开始顺推 8 格，1955 年的女性为六白命。假如世运是八，九紫开始顺推 8 格，命卦是七赤。

我再举一个例子，某男出生于 1960 年，60 减 11 等于 49，4 加 9 等于 13，由于 13 超过 9，所以再用 13 减 9，得出答案是 4。

假如世运是七，由七赤逆数 4 格，1960 年的男性是四绿命，假如住在四六、四七的家宅中，木被金劈，代表家宅对这个人不利，屋内凡被金劈的方位，都不宜摆放睡床。

在洛书元旦盘中，中宫的五黄没有卦。假如命卦数字为五，男用坤卦去代表，女用艮卦去代表，称为替卦。

命卦四大要点

我整理出运用命卦的 4 个要点，大家可以从而了解命卦的使用方法。大家可以先重温一次易经的八卦：

一白 坎卦	二黑 坤卦	三碧 震卦
四绿 巽卦	五黄 无卦	六白 乾卦
七赤 兑卦	八白 艮卦	九紫 离卦

（一）先找出家宅中宫的坐向星盘是否刑克命卦。

（二）其次找出大门口的向星是否刑克命卦。假如命卦是四，大门口向星是七，七属金，金会劈木，屋主的健康会受影响。在这种情况下，我们通常建议屋主将大门口开在八白的位置，因为八属土，土克木，八白在八运中为当令星，亦为财星，屋主既可得财，亦可保身体健康。

（三）假设一间屋内有 3 间房，每间房的房门都有不同的方向。如何决定哪个人住在哪一间房，其中一个找出答案的方法，就是查出每个房间的大门口有哪一粒飞星降临。

命卦与飞星对应表

命卦的原理很简单，但将命卦套入飞星学之后，可以有更准确的推敲和断事。

譬如有一间房的向星是四，另一间房的向星是九。

假如命卦属土，火生土，此人适宜住在九紫的房间，但不适住在大门为四的房间内，因为四属木，木克土，会令此人受损，尤其肠胃会出毛病，因为土代表胃。这就是从五行去决定方位的选择。

(四) 用更深层次的原理去解释，假如大门是九，命卦是八，当住入这间房之后，这间房的双星断事组合，便会变成九八的组合。

假如你住进一间大门口为四的房间，这个房间的飞星断事会变成四八，你参考四八同宫的断事，便可以知道你住进这间房之后，会有什么事情发生。

真正用功的风水师，要细微至将这些飞星组合都计算在内。未进屋之前，风水师要将这些组合事先计算好，才进入屋内向客人讲解。

越浅显的风水理论，通常准确性并不高，风水学要计算到最精确、复杂的部分，才可以有最准确的推断。

命卦的原理很简单，但将命卦套入飞星学之后，可以有更准确的推敲和断事。

当你将所有家庭成员的命卦列出之后，你首先找中宫的山星与每一个家庭成员的关系，你便会明白何以某人特别当黑，某人特别行运。

其次要找出每个房间与家庭成员的关系，究竟谁人适合住在哪一个房间，哪一间房是五行刑克，哪一间是比和、相生，你可以马上明白某位家庭成员出事的原因，然后加以改善。

如何拣楼

假设你现在打算买楼，你究竟如何选择一间适合你的单位?7 楼或者 24 楼是否不宜居住?选择 A 室还是 D 室对风水究竟有没有影响?

大家一定要明白，所谓风水的概念，永远所指是当你进入一个单位之后，你所勘察到的现场环境。假如 D 室的景观比 A 室好，当然是选择 D 室。假如 C 室有横梁或尖角暗射，当然亦不是理想的选择。

我现在教大家一个最快、最简单的选楼方法，我先以拣铺做例去解释汶个方法。

拣铺速成法

举例一个商场之内有 3 层商铺，如何决定哪一层的商铺最好?在同一层之中，如何找出哪一间是最好的铺?

首先找出整个商场的坐向，这是最基本的理论，先站在商场大门外的位置，找出商场的方位。

假设你找出商场的坐向是坐乙向辛。从罗盘上找，我们已经得知乙山为阴，阴用逆推。假设世运是七，商场地下为七，第二层是七的逆推，所以是六，第三层是五。抛开金钱的考虑，地下的商场比三楼为好，因为地下是七运，三楼是五运。

假如商场的坐山是坐艮向坤，艮为阳，即是顺推，地下仍然是七运，之后是八运和九运。假如你要开夜总会，你当然选择九运，因为九是桃花。但假如商场是坐乙向辛，便不能选择三楼，因为那里是五黄。

(五运) 三楼	9 Q	8 R	7 S					
(六运) 二楼	8 I	7 J	6 K	5 L	4 M	3 N	2 O	1 P
(七运) 地下	7 A	6 B	5 C	4 D	3 E	2 F	1 G	9 H

坐乙向辛商场

商场的坐向是坐乙向辛。从罗盘上找，我们已经得知乙山为阴，阴用逆推。假设世运是七. 商场地下为七，第二层是七的逆推，所以是六，第三层是五。

假设现在是七运，将第一间铺编定为 7 号，乙山属阴用逆推，所以第二间铺是 6，如此类推。

假如一座大厦有 30 层，你都是用同一个方法去顺推或逆退，不断重复一至九的数字，去找出每层楼所代表的世运。

如果世运是七，你选择七运的楼层当然最好。

飞星的神妙之处就是，你无需亲身到达现场，已经可以算出那处地方的风水。

仍然用乙山辛向的商场做例，我们要找出哪一间是最旺的铺。假设现在是七运，我们将第一间铺编定为7号，乙山属阴用逆推，所以第二间铺是6，如此类推。

为所有商铺定出编号之后，大家会发现第一间铺是双七到会，那一间当然是最好的铺。H铺最差，因为那一间是七九回禄之灾；G铺是一七金水之地，会因水太多而出问题；C铺是五七紫黄毒药；会出现饮食问题或犯口舌之灾，假如那一间店铺油上红色，或者经营属火行业，例如烧味店，五七再加上九紫，变成毒药入口，食物会出现问题，或者店主患上癌症。

利用这个方法你可以找出哪间店铺对你最有利。在2楼的单位中，六八、六七都是可以考虑的单位。六六是退运星，最适宜开古董店。

假如3楼的S铺请你看风水，在未到达之前，你已经知道那间店铺出现食错食物的现象，你未入其屋，已经预先知道屋内发生的问题，于是令店主大吃一惊。

阴阳顺逆

这种计法的主要原理，是要根据整个建筑物坐向的阴阳，去决定楼层和单位的顺逆推。刚才所举是逆推的计算方法。

如果用顺推，世运是七，以地下为 7 数，之后 8、9、1、2……9、1 等不断重复推算，便可以找出每层楼所代表的数字。

九紫的楼层，最适宜经营与桃花有关的行业。

一、四最适宜从事文化艺术。二黑、五黄最适宜开诊所。三碧适合开律师楼。

世运风水实战

每一个世运有 20 年，在这 20 年的世运中，是否每年的风水都一样?当然不是，因为每年都有不同的飞星飞临，令方位的吉凶每年都产生变化。

如地下行七运，今年有九紫离火入中宫，意思即是今年所有地铺都行七九回禄之灾，代表所有地铺今年都将过去所有的钱交还出来。

以地下是七运计，8 楼行五运，但由于今年行九紫，于是 8 楼在今年变成行七运，即每层楼的风水都会根据每年飞星的变动而有所变化，不会整个世运的 20 年中同样的差或同样的好，而是每年都会出现起伏。

这是一种很科学化的计算，是因地球每年的转动而引发不同磁场效应，不会 20 年千篇一律地应用一个飞星组合去断事。

所以你要计算每年的飞星，去找出每层楼及每个单位的每年运程。而最多人犯的毛病，就是忽略了坐山的阴阳，不明白顺推和逆推的道理，全部都用顺推去计算楼层的吉凶，于是推断便会出错。

这是风水学上的秘密，一般人只懂得顺推，不能算出风水的精要之处。

利用飞星的原理，你亦可以为客人选择骨灰盒。你先取得整座骨灰塔的坐向，现在八运，假设用顺推，于是第~行是8，第二行是9，如此类推。然后第一行的第一个位置是8，第二个是9，亦是如此类推。之后你再加上今年的飞星，便可以找出今年哪一个是最佳位置。

飞星全部是数学的计算，只要你肯勤力多计数，便可以准确地推算和掌握风水的要门。

在决定运盘的时候，其根据为那座建筑物在何时落成。在1984~2003年之间建成的大厦，用七运盘去计算风水。内地有很多单位仍用六运盘，甚至五运盘去看风水。

但我刚才教大家的拣楼方法，无须理会建成的时间，只须根据坐山找出顺推还是逆推，然后根据世运去编排数字便可以。罗盘上已经清楚告示二十四山的阴阳，黑色为阴，红色为阳，是一望而知。当你计算之后，每层楼的每个单位适合做哪种行业，你可以完全知道。

飞星学要学得好，经常练习是最重要的因素。只要你熟练飞星的计算方法，自然可以将飞星学发挥得出神入化。

以上所介绍的是飞星组合的运用方法，除了找出未来所行的运，你亦可以计算出过去所行的运，用来引证自己的计算是否准确。

举例：一间屋今年犯三碧，于是你马上知道这间屋去年犯二黑病符，你亦可以将过往几年所发生的事，逐年告诉你的顾客或朋友，使他们大吃一惊。这个单位在未来数年会发生什么事，你亦可以有计划、有铺排地告诉你的客人，最重要是你要准备好充足的资料，包括宅盘图及飞星断事资料，也要切记在屋外测量坐向，不要在屋内测量，否则必定出错。

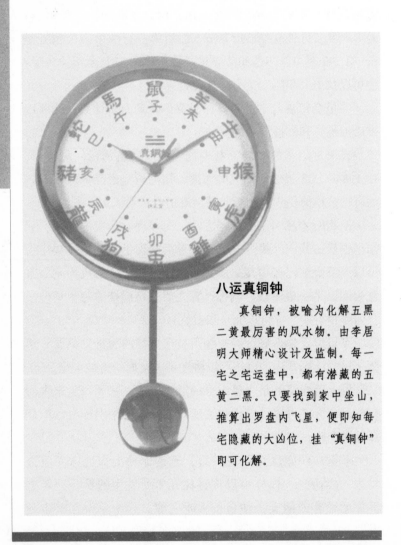

八运真铜钟

真铜钟，被喻为化解五黑二黄最厉害的风水物。由李居明大师精心设计及监制。每一宅之宅运盘中，都有潜藏的五黄二黑。只要找到家中坐山，推算出罗盘内飞星，便即知每宅隐藏的大凶位，挂"真铜钟"即可化解。

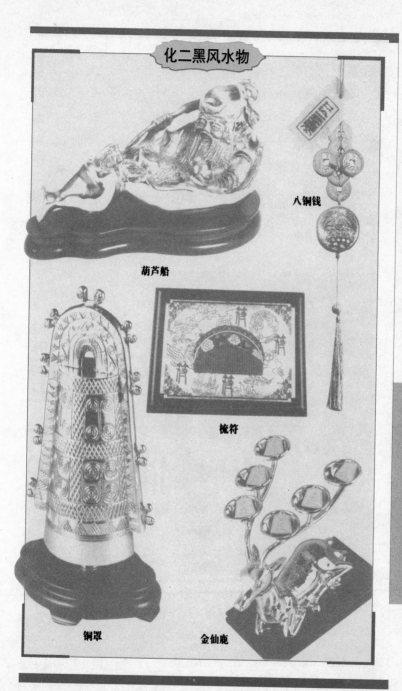

化二黑风水物

八铜钱

葫芦船

梳符

铜罩

金仙鹿

第 *10* 章

　　大部分家庭面对最严重的风水问题，是家中堆满了杂物。

降伏凶星

催旺吉辰

本篇内容

第十章　降伏凶星　催旺吉辰

九星顺逆得失

九星的进一步运用，是我们可以利用九星的顺逆去占算命卦，使大家还未到达那处地方，已经可以根据地址，推算出那处地方究竟发生了什么事，因何要请你看风水。

举例：某某街 5 号 6 楼 C 座请你看风水，这当中其实已经包含了 3 粒星的资讯在内。假如 2004 年的流年星是九紫入中宫，你先到大厦的楼下找出大厦坐向，知道阴阳之后，阴是逆，阳是顺，你在楼下已经大约知道那间屋发生了什么事。

如果那间屋属阴卦，门牌是 5 号，由于 2004 年行九紫，由 9 逆推 5 个数字，即 9、8、7、6、5，5 号即是五黄，即是 2004 年 5 号行五黄，6 号行四绿，如此类推。字母 C 即是第三，由 9 数起即是七赤。

所以你明白 5 号 6 楼 C 座即是五、四、七这个飞星组合。五黄当然不好，四绿代表文昌，亦代表巽卦，即大女，七赤亦代表女性，你未到达这个住宅，已经明白屋主最大的烦恼就是他的女儿。而七赤代表口角，四代表风卦，风卦代表精神有问题，代表住在 5 号 6 楼 C 座这个单位的女儿，今年经常发生口角，精神亦出现问题。

凡飞星见到少女的卦，代表家中的女儿出问题。风水师未入其屋，在脑海中已经出现画面，就是进入屋后要留意两个宫位，一个是东南方的巽，另一个是西方的兑。

当排出宅盘之后，首先要研究东南方和西方出了什么问题，未入其屋，已经知道这间屋会呈现哪一种迹象。

◆ 命卦实战

我之前已经教导大家如何计算命卦。譬如屋主的命卦是九紫，假如九紫在屋的东方出现，你已经知道屋主必定睡在东方或东北方。假如命卦是二黑，而二黑在东南方出现，代表那个人会喜欢睡在东南方。

你未入其宅，已经可以大概地告诉屋主，哪些家庭成员睡在哪个地方，然后找出吉凶。假如命卦是二，睡在二三同宫的房间内，木克土，二黑受煞，住在这间房非常不利。而且二黑代表主妇，代表主妇受煞。

◆ 飞星小宇宙

我们将飞星学套入整间屋里去计算，这一个是大宇宙，飞星在日常生活中有另一种应用方式，就是将飞星套进生活中的小宇宙。

小宇宙就是我们所住的房间。同样将房间分成9格，你马上知道应该睡在哪个方位，如果房间出现双星到会或六八同宫，你当然选择睡在那个地方。如果出现五九，你最好避免睡在那个方位。

套入厨房之中，你可以知道哪个是水位，哪个是火位。由整间屋以至每个房间，都可以用这个方法去决定布置方法。

我最后要教大家的，就是家居的布局方法，究竟睡床、写字台以及厨房、洗手间要怎样摆设？

睡床、写字台布局法

将飞星理论套入你所睡的床上，将睡床分成9格，你马上知道自己应该睡在哪个方位，哪个位置使你坐享其成。由于世运的飞星掌管20年，以现在是八运计算，你能够睡在当令星的位置，可以控制你20年的荣辱。

但飞星是"愈急愈应"，即是飞星必须要兼看流年，而流年飞星应验在宅中，不及应验在床上那般快，亦不及应验在写字台那般快。

撇开实际的可行性，因为你未必可以每年移动睡床和写字台，但如果你每天都花长时间在睡床和写字台上，一个可以令你今年行运的方位，比那个维持20年的宅运方位对你更有急速的影响力，假如两者属同一个方位，当然好上加好。

一般来说，当我们将睡床化成9格之后，不会将20年的命盘飞到床上，而是将今年的年星飞到床上。

假如年星是九，飞到床上的飞星如下图：

以南北向睡床为例，假如你今年每天从西方下床，代表你每天都受二黑病符影响，每天起床后都感到不舒服。

如果从床尾下床，即是从五黄下床，亦不是一个好的方位，向东北的三碧下床同样不好，最好的位置，当然是向着东南方的八运下床，但要在床头下床会较为辛苦，你可以选择在西北位置的一白下床。

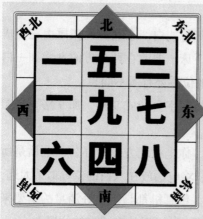

年星为九紫的睡床飞星图

以南北向睡床为例，假如你今年每天从西方下床，代表你每天都受二黑病符影响，每天起床后都感到不舒服。

坐北向南写字台的飞星图

假设写字台坐北向南，你坐在北方位置办公，电话是所有生意、好坏消息的来源，将电话放在八白的位置似乎太远，放在一白和九紫便最适当。传真机都是接受好消息的重要来源，最好放在八白旁边，而电脑可以放在八白的位置上。

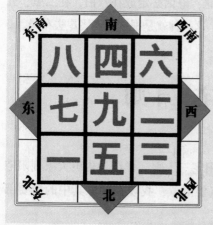

假如你经常忘记在哪个方位下床，你最好在忌下床的位置加放一张被子，去提醒自己不要在那个位置下床。然后你在下床的地方放一张地垫，要火的话放红地垫，要水的话放

蓝地垫，你踏着地垫在八运位置下床，便可以每天都吸纳八运。

八运属土，你在八运的床边放龙、狗、牛、羊的公仔，可以增旺睡床的八运。

假如今年行九紫，明年行八白，东北方的床尾由三变成二，明年要忌在那个位置下床，要改在西北方的九紫和一白位置下床，所以每年下床的位置都有所不同。

依照同一个方法，你将写字台分成9格，那9格要按照东南西北的方位去摆设。

假设写字台坐北向南，你坐在北方位置办公，电话是所有生意、好坏消息的来源，将电话放在八白的位置似乎太远，放在一白和九紫便最适当。传真机都是接受好消息的重要来源，最好放在八白旁边，而电脑可以放在八白的位置上。

假如写字台是坐南向北，电话必定放在八白，在二黑、五黄的位置摆放铜器去化泄，这一种就是根据流年飞星去布局。

◆ 阳宅三十则

《沈氏玄空》之中有阳宅三十则，详细地告诉大家到阳宅看风水的时候有哪些要点要留意，我现在抽取其中的精要部分向大家讲解。

◆ 家宅定向

在这个阳宅三十则之中，提到如何决定以哪一个大门为坐向。当中谈及堂局环境与屋向门向，里面说："凡新造之宅屋，向与门向并重，先从屋向断外六事之得失，尚不验再从门向断之"。

即是当你看风水的时候，先用屋外断六事，即是先在大厦门外起一个盘，测试这个盘是否应验宅中所发生之事。

如果不应验，才再用单位本身的大门去断吉凶。如果用楼下屋向所推断之事已经非常应验，便无需再用楼上的方位重复推断，只用楼下的宅盘便可以推断整个家宅。

这是《沈氏玄空》所教的办法，我要提醒大家的是：其实找门向很简单，你为独立的房屋找坐向，站在大门外便可以，那个坐向非常清晰。

但假如你在一座大型的建筑物之中，门口四通八达，不问而知，你用大厦坐向一定不准，一定要取用单位本身的大门做坐向。

有一个情况，所谓纳向是指气口，虽然你住在10楼，但所有纳气最终都要经过你的大厦的门口出入。假如大厦有一个很明显的坐向和大门口，所有住客都统一由一个大门口出入，你要采大厦的坐向为纳气口。

因此大家要灵活变通，以最明显的门向为坐向。假如一座大厦有前门、后门、停车场、商场等多个出入口，你必然以单位本身方向为坐向。

关于如何决定坐向，是一般人最常遇到的问题，我在此已经清晰地为大家解答，飞星学一定要靠实战经验去决定如何取决纳向。我现在将自己的实战经验向大家披露，使大家不用自己摸索，也不用走冤枉路。

◆ 世运定盘

第二个大家最常遇到的问题，亦是最常犯的错误，就是忘记问那座大厦在何时建成。你可能用七运盘为一个家宅计算所有风水之后，才知道原来那座大厦建于1981年，结果你的批算全部错误。

在1984年以前建成的大厦，属于六运盘，1984年之后是七运盘，2004年以后落成的大厦，属于八运盘。

所以开罗盘的时候，第一件事，要先问屋主那座大厦在何时落成，这是最容易犯错的地方。香港最旧的楼宇多数是六运盘，但内地仍有少数五运盘，大家要留意不要搞错。

假如宅盘是五运，当你起出宅盘之后，现在是八运的话，你要找出八运星在这个宅盘产生哪些变化，而并非以五黄为当令星，这一点大家不要混淆。

一座大厦如果建于三运，虽然内部经过翻新，这一个仍是三运宅盘，除非整座建筑物拆卸重建，否则装修不会影响大厦的运盘。所谓宅运是指地基，外墙装修不影响宅运，在一间三运屋之中，你要用当令的八运去摆设，并非以三运来布局，这一种便是九星的实战。

一座大厦的地基在何时落成，其实代表一个人在哪一年出生，所以一座大厦在哪一年出生，便属于那个世运的星宿，即使换了新衣服，甚至换了体内的器官，都仍旧是某年出生的同一个人，都是那一个命，除非那个人死后再重生，否则不可能将命卦改变。

假如一座建筑物移平后重新再建造，虽然砖头、装饰物都是沿用旧有的材料和设计，但这一座是全新的建筑物，要用最新的世运去定盘。

西北天门

看风水的人必须先熟悉八卦，必须明白西北方代表父亲。坐在公司西北方的人特别有威信，经常坐在西北方的人，代表那是家中或公司里最有权威的人。

假如丈夫经常坐在西北方，他有机会可以振夫纲。但假如经常坐在西南方的话，西南方代表主妇，丈夫经常坐在坤位便会变成女性化，以及说话不管用。

实际上飞星学到达最巅峰的境界，就是返本归原，你发现原来单用八卦来占算已经很准确。举例老师要选班长，一定会在西北角的位置选择，因为西北角代表父亲，代表掌权的人。

假如你是议员，你要说服别人投你一票，你最好将讲台设在西北方，你的威严自然会令在座的人投你一票。

所以你将男性放在西南角，他一定会变成娘娘腔，一定会经常入厨煮饭，兼一边看电视，一边织毛衣。想振夫纲的男性要留意，你的按摩椅要放在西北角。

假如你在工厂要管辖数百个员工，你将写字台放在西北方，一定可以震慑所有员工，没有人敢造反。

反过来，假如小人物坐在西北角，他一定生事，将公司搞得天翻地覆。

大家在方位上必须有清楚的认识，西北方是天门，如果在西北方见洗手间，代表极差的风水。

西南坤造

西南方代表坤卦，代表母亲，大家要紧记这个卦和这个方位。丈夫一定要去西北角，主妇必须要去西南角。

如果你是女性而经常坐在西北，代表你家中没有男主人，丈夫经常不在家，或者妇掌夫权。而且你会愈来愈男性化，男性味浓，失去女性魅力。你作为女性要增加女性魅力，一定要将自己放在家中的西南位，便可以魅力狂放。

▌◆ 灶门吉凶

不论宅之生旺衰死方，都可以设灶。

灶的火门向着一白，是适当的位置，代表可以水火既济。向三碧四绿为木生火，均为吉灶。火门向八白，火生土，为中吉。火门向九紫作次级论。

若火门向七，九七同宫，有火煞金之嫌。灶门向着二黑五黄，由于二五代表主妇，意味着主妇不开心，而且病痛多，称为病灶、二黑灶或五黄灶，都是不好的布局。

大家可以检查家中的灶是否放在适当位置，假如那个位置的向星有二五，便不适宜放灶。如果向着三四一八等便是适当的位置。

有另一点非常重要，洗手间和厨房都不可以位于屋的中宫，厨房放在中宫，有如火烧心脏，会令健康大受损害。

▌◆ 洗手间风水学

洗手间不可以开在坐山。香港有些单位，一打开大门便看见洗手间在屋的尽头，亦即是洗手间在屋的坐山。遇上这种情况，一般人会在大门口前面加放屏风，避免一进门便看见洗手间。

但屏风仍然无法改变洗手间位于坐山，坐山宫位所代表的那个人会遭殃。假如坐在坤山，便会影响主妇。如果单位坤山艮向，家中主妇必定多病，称为伤妻损丁厕。如果倒过来艮山坤向，艮代表幼子，即是家中幼子经常多病。

故此洗手间"秽浊不宜向，以五黄加临，即主君王，二黑飞到亦弥疾病，以较远之方荣"。

假如二黑飞到洗手间或者厨房内有洗手间，再加上五黄二黑飞临，家人必定大病，严重者甚至死亡。

洗手间五行属金，凡有土或金星飞临之处，都适宜做洗手间。但五黄二黑飞入洗手间代表极差的风水，而西北方见洗手间更加是差中之差，因为西北方为家中之天门。曾经有一个个案，一个风水客人不幸住在一间洗手间位于西北方的屋内，我要他放弃使用家中的厕所，只能在公司的洗手间"办公"，家中的洗手间只作浴室，当要利用风水去救人又无法搬迁的时候，唯有采取这种方法。

假如四绿文昌星飞入洗手间，会引致埋没聪明，名誉受损。尤其作家的文昌星飞入洗手间，所写的文章一定惹祸，遭人非议。这是洗手间的飞星学，对家居有重大影响，不能掉以轻心。

有另一种情况，就是厨房内千万不要见到厕所！早年香港旧式的设计，厨房内包括厕所，这种设计会容易导致肠胃病或精神病。现在仍有很多这类型的设计，会令家人经常因食物而招致屙呕肚痛，是一种极不健康的设计。因为厕所代表污秽之地，厨房代表卫生之地，两个地方互相连结，一定出问题。内地很多单位没有经过风水及环境学的洗礼，设计上一塌糊涂，我到内地看风水时特别诧异，因为有些设计干奇百怪，令人大吃一惊。

◆ 扶梯风水学

假如你住在复式的单位，要非常留意家中的扶梯。逢楼梯属木，包括你只是在家中放一架梯子，都大有学问。

由于扶梯、木梯都代表木的五行，假如飞来一粒六或七星到楼梯，后果会相当严重。假如一开门便见到楼梯，代表家中纳气直冲向门口，意味着破财，家中的财富尤如冰一样逐渐溶化，即是你积蓄的财富愈来愈少。

假如你家中大门有双星到会，原本是双星劫财，代表可以赚大钱。但假如门口有楼梯，是否可以抢更多的钱?非也!因为楼梯属木，如果世运是七，金克木，七运星会劈向楼梯，那个楼梯会损丁缺财，是极差的风水。假如世运是八，八白属土，木克土，八运星受克，亦会泄木，同样不是好的风水布局。

总之逢属金的里飞到楼梯处，都要非常小心。假如你睡在楼梯下面，凡楼梯底安床，风水上叫"隔年丧人"，即是每隔一年便要死一人。总之住在扶梯下面，会导致死亡或伤残，大家要小心。有些家庭的厨房是扶梯压灶，即是煮饭的地方在楼梯下面，同样会导致家人受损。

外国的复式独立屋经常有一种情况，就是在楼梯下面安床，躺在床上的时候，天花板是斜的，人睡在倾斜的天花板下面，会容易患精神病。

◆ 斜角风水学

元朗某花园的设计，屋顶全部是斜的，住在那里的人很容易精神出问题。会令人精神出毛病的屋有两种，一种是天花倾斜，另一种是三角形的屋。我在香港的确见过一幢三角形的建筑物，里面的单位全部是三角型，住在这种屋里会令人精神出毛病。

我亦见过一个屋苑，厨房是三角形，同样会容易令主妇出问题，总之逢三角形的屋都不宜居住。千万不要误会以为三角形属火，可以增旺火运，原来三角形屋会令人精神受损。

如果你住的屋是金字塔形，这一种不是三角形屋，因为金字塔的底部是正方形。

现在有很多人仍然睡在横梁下面，这都是由于对风水学的无知。

◆ 长巷阴气

根据《沈氏玄空》，凡屋内有黑巷，日光不能直接照射的话，作阴气论。

在哪些地方会见到这种情况?最普遍是夜总会、的士高或戏院等地方，当大家要去洗手间的时候，都需要走过一段很长的走廊，那些地方乌灯黑火，常年不见阳光，如果飞进二黑或五黄，主其家遇煞。

所以逢家中的后巷或幽暗的角落，飞入二黑五黄，代表易有灵界。

如果家宅的二黑星飞到东北方，你在那个位置见到有长走廊进入洗手间，不问而知，那个地方一定容易遇煞。

◆ 化煞绝学

以上说了一大堆风水学上的问题，究竟该如何化解?

对于长巷阴风，要化解很简单，只要开灯便可以解决!

将那个地方变成灯火通明，便可以化煞。

逢二黑五黄都代表土旺，土遇金便会泄气。化二黑五黄最普遍的方法，就是挂六铜钱。但要记着金不能太多，假如你买6个2尺阔的巨型铜钱挂在家中，这样不能化煞，因为化五黄只需用一点金便可以，无论你家有多大，都只须用少量金便可以化煞，太多金不能化五黄，大家不能不知。

不过我发现大部分家庭面对最严重的风水问题，并非凶煞临门，而是家中占了8成地方用来堆放杂物，请问挂一串铜钱，怎能化去家中几百袋垃圾！

如果你的家居也是这样，你根本不用看风水，你将家中所有杂物清除，这便是风水的最大绝学! 家中愈多空间，代表愈好风水。家中积聚杂物，就是最差的风水。

▶ 铜锣化灵

另一个化二黑五黄的最佳方法，就是敲锣。锣属金，锣有最厉害的磁场和慑人的威力。当敲锣的时候，锣的磁场是一层层地向外旋转地扩散，可以清洗整个地方的磁场。铜锣一敲下去，可以将整个地方的晦气衰气全部化泄。

在风水的改造上，有3种东西最厉害，第一是炮仗，第二是铜锣，第三是洒水，这3个方法都可以速效地改造磁场。

▶ 子唤母回

炮仗的威力大家都会知道，铜锣与炮仗一样，具有爆炸性的威力，是化煞最有效的东西，所有阴气都是二黑五黄，一听到锣声便会化泄。敲的时候要从锣的边沿敲至中央，产生延绵不绝的震动频率，才谓之敲一下。阴气很重的话，每天都要敲，敲完之后，将铜锣挂在二黑五黄方。

铜锣在一种情况下可以代替铜钱，就是假如那是一间很大规模的工厂，可以在五黄方挂铜锣，每天 3~7 点的时间，叫全厂内最年轻的人去敲锣，小孩子更加好，但不可以由女性敲，一定要由男孩子去敲，称为"子唤母回"。

当中的道理，原来五黄煞是土煞，相当于人们俗称的母夜叉，要母夜叉失败，一定要利用母夜叉的儿子，在战场上，叫唤母亲。

土是五黄煞，土生金，金就是土的儿子，敲锣的意思，是让金的儿子呼唤母亲归来，当儿子一呼唤的时候，再恶的母亲都心软下来，那个五黄煞一软下来，代表不再强横，不再造成影响。所以任何最恶的女性，都受制于亲情。有人打她的儿子一下，当儿子一哭的时候，母亲便要投降认输。敲锣等同令五黄的儿子大叫，令母亲心软，五黄煞自然消失。

因此中国的风水学非常高明，我曾经设计一件风水物品称为"儿锣"，这个名称的渊源来自子唤母回。

由厂内最年轻的男孩子去敲锣，厂内所有的五黄二黑都会消失。

但假如由一个年轻女性去敲锣，五黄煞不但不会有反应，甚至会助长它的威势，所以必须由小孩子去敲才能发挥最大作用。

遇到危急的情形，挂铜钱也嫌太慢，先用铜锣在家敲一遍，可以马上化解五黄二黑。

◆ 六帝钱

要化除二五交加必损主的煞，最常用的是铜钱，通常用 6 个铜钱，称为六帝钱。有一说认为最好用曾经陪葬的铜钱，而且最好用清代铜钱，认为有特别强的功效。

以我的研究，基本上化煞用铜器便可以，那铜器的渊源并不重要，只要是能够氧化的铜器便可。铜器氧化的能力，新铜器比旧铜器更加高，化煞的能力更加强。一串铜钱如果已经氧化，便再没有化煞的能力，已经失去化二五效应。铜钱必须以能够达成氧化作用，方为有效的风水物品。

◆ 大笨钟

在现实生活中，化二黑五黄最有效的东西，就是铜钟，必须以真铜去做，尤其是会响的铜钟，每一下叮当的声音，等同于铜锣的声音，相当于每个小时都敲锣去化煞，会报时的铜钟是解二黑五黄的极品。

国卫保险的外墙有一个大钟，因为那里是五黄位，所以用大钟化五黄。你家中的大钟应该放在五黄二黑的位置，而且最好会发出响声。内地有很多这种类型的大笨钟，香港则比较少。总之凡二五都可以用金和铜去化泄，这一点相信大家都已经非常清楚。

◆ 安忍水

除了用金去化二黑五黄，盐水亦可以化煞。严重的二黑五黄，可以用大量的盐加水，再加六铜钱去化泄，风水学上称为"安忍水"。不过我不爱用安忍水，因为当摆放安忍水一段时间，那些盐会令旁边积聚很多垢物，我觉得这种水并不卫生，所以不爱使用。

◆ 风铃招鬼

要化二黑五黄，风铃是另一个选择。不过这是一种颇受争议的办法，因为有一派认为风铃会招鬼。

以我的考证，其实风铃并不会招鬼。阴气属五黄二黑，是一种有意识但没有自控能力的东西。当敲动金属的声音，煞会被惊醒，会听令于风铃的声音而出现反应，因此被误解为风铃会招鬼。不过由于一般人都有这种念头，造成一股念力，鬼怪并非由风铃所招引，而是人的潜意识认为风铃会招鬼，便真的疑心生暗鬼了。

◆ 火化三碧

二三同宫是斗牛煞，如何解救? 方法是，用火或者红色的东西来化三碧，所以斗牛煞要用火来化。

不过火会生土，火能克木的同时，会生旺二黑五黄，用火化三碧要同时留意不能生旺二五，否则虽然没有斗牛煞，但人亦会因而生病。

我的做法是，用红灯或红纸去化斗牛煞，可以在犯二三的地方点一盏红色长明灯。

曾经有一个实例，一位影星家中的大门犯了斗牛煞，我发现影星在大门旁边的台上放了一盏粉红色灯，理应足可以化煞，可是一问之下，原来那盏灯只用来装饰，里面没有灯胆，所以影星饱受斗牛煞的困扰。

解决的方法再简单不过，我请影星要长期开着那盏灯，并且在那个位置烧衣纸，将 3 大包衣纸火化之后，所有官非是非马上解决。道理何在?

迷信的解释，可以讲成影星遭 3 只男鬼缠绕，所以烧衣化鬼魂。

事实的真相是，三是震卦，代表男性，烧 3 套男性的衣纸，可以化去三碧，所谓三阴人即是三碧，将 3 套衣纸焚烧，便可以化解三碧木。

水化交剑

六七同宫是交剑煞。这个煞很易化，原来用水便可以化去。交剑煞代表两个金在互劈，代表二人打架，如果你预早看到这个煞，只要摆一盆水，便可以化掉此煞。

那盆水必须是肥皂水，将洗洁精加入一盆清水，便可以化掉交剑煞。曾经有人问我斧头牌的洗洁精能否用?因为斧头属金，我的答复是既然有所怀疑，最好改用花王牌!

葫芦化紫黄

九五主紫黄煞，代表因吃错东西而出问题。这一个亦是现代人最经常面对的问题，现在各种纤体、美颜食品大行其道，很多人吃错东西而不自知。要化紫黄只须用一种东西，就是铜造的葫芦。

铜片布局法

假如中宫出现五九同宫，如果单位有天花板的话，可以在天花板上做功夫，就是将天花板换成铜片，可以有效地化去五黄。

我曾经为一间影视公司看风水，中宫犯九五紫黄毒药，于是在天花板中央放一块大铜片。未放铜片之前，公司的员工经常吃错食物后肚痛，放铜片之后便没有这种现象。

那间公司还有另一个九五位在一个阴暗的角落，那里没法可救，我唯有建议在那个位置前面设一间全部镶铜片的房间，结果那一间房生意最好，而且命卦属九紫和五黄的人经常喜欢在那间房聚头。

土化回禄之灾

九七同宫称为回禄之灾，即是要将所赚的钱归还别人，属于火煞，要用土去泄火。摆放黄色属土的东西，便可以化掉此煞。

鱼化三六

三六同宫是金克木的煞，这个煞很易化，只要在家中养鱼便可以。养鱼是一种很重要的改运方法，凡有当时得令星飞临的位置，要催动这个方位，第一是空调，第二是风扇，第三是窗口，第四是大门，第五是养鱼或者放置流动的水摆设。

如何摆鱼有很深的学问，我在这里简单地介绍一下，一般可以养6条，取其金生水也。养6条金鱼便可以应金生水之效。

有些人养鱼但没有功效，因为那些人用盖子盖着鱼缸！鱼缸的作用，是取其水向上升去化掉磁场，将鱼缸盖上，水无法向上升，已经失去风水物的作用。

所以风水鱼缸不能加盖，必须要打开让水向上升。

缺角补强法

另一种大家在摆风水时最经常遇到的问题就是缺角。在风水学上，如果缺东或东北角，代表没有儿子；没有西北方，代表家中缺男主人；缺西南角，代表家中主妇出毛病。

如何解决这个问题？

以下为大家介绍"缺角补强法"，就是当缺去某一角的时候，以生肖补充所缺的角。

假如东方缺角，在该处挂兔画或摆放兔公仔。

东南方缺角，挂龙画或摆放龙公仔。

南方缺角，以马来补充。

西南方缺角，以羊、猴来补充。

西方缺角，以鸡来补充。

西北方缺角，以狗、猪来补充。要火的人放狗摆设，要水的人放猪摆设。

北方缺角，以老鼠或蝙鼠来补充，可以挂钟馗招蝠的画，或者放百子千孙图在北方。

东北方缺角，以牧童骑牛画来补充，或者放猫、虎的刺绣。

我同时补充另一点，假如一处地方突角，即是某个方位特别显著，代表那个方位特别强，但并不造成坏影响，无须化煞。举例西南方突角，代表主妇有很强的地位。如果西北方突角，代表丈夫很强横，甚至会打人。

▌◆ 呼形喝象

我之前已经解释过何谓呼形喝象。当摆放任何风水物品的时候，大家要记着，风水是一件物件，一定要呼形喝象，即是俗称念力传送。

当摆放任何风水物的时候，如果你要放铜钱或铜锣，你的大脑中要同时观想风水物发出金光，即是发出金的五行，将乌黑之气马上解散，变成一片光明清净。

你在摆放风水物的时候，同时做出这种呼形喝象的观想，将念力传送到物件上，你所摆的风水物品一定灵验，极具化煞的功效。

所以，物质与思想合一才可以达致最完美的化煞功效。何以每个人都喜欢听好意头的话?因为这个方法原来真的有效，你不断向别人说吉利话，这一种便是念力传送，你不断呼唤身边所有六道众生去肯定你所说的吉祥语。刚才我已经说过，六道众生的意识是存在的，但它们缺乏主见，当你说出一个主见之后，六道会循着这个主见去发展。

假如你是一个专业风水师，当你摆放每件风水物品的时候，一定要有念力传送。一定要有大脑的观想。

可惜风水摆设经常出现一种情况，就是那些摆设由客人自行决定购买和摆放，风水师无法从头至尾照顾整个风水布局，以致影响了风水的效应。

最正确的风水，是风水师为顾客勘察风水之后，再择日为客人摆放风水物品，同时加入风水师的祝福和念力传送，便能够获得最佳的效果。

有另一个方法是择日去看风水，在看风水当日一并摆放风水物品，便可以确保摆放的方位正确无误。

我亦再提醒大家一次，晚间不可以看风水，因为你无法看到屋外的煞和尖角暗射，而且晚上空气会有所改变，夜晚看不到一个人的气色，屋的气色亦不能在晚间看得清楚，在晚间看风水一定会出现偏差。

◆ 通胜择日法

在现实生活中，你已经明白飞星的原理，理解所有飞星组合的吉凶，明白流年星的运用，懂得未入其屋已预知会发生什么事，于是你已经成为风水小师。

可是你仍欠缺一种学问，就是作为成功的风水师，你往往亦要兼为客人处理很多宗教上的问题。

例如搬迁、动土要拜四角，你要懂得为客人择日。当你看风水的时候，每逢择日子，一定不可以冲家人的生肖。

因此学风水的人亦一定要懂得历法上的天干地支.假如你不懂，有一个折冲办法，你可以根据我的通胜去择日。只要该日为红色吉日，没有冲当事人的生肖，便可以定为吉日。

但择日再进一步，要根据方位去选择。我的通胜有指出每天有哪些吉星飞入，举例那个单位是坐西向东，我的通胜有列出当日西位有什么里飞临。如果飞入八白，当然是吉星，如果飞入五黄，便是凶星，即使那一天是好日，但对于那个方位的家宅并不是好日，你要选择另一天。

通胜亦有写出另一个飞星盘，有太阳、太阴、金星飞到的坐山和向首，代表大旺。你择日的时候要同时参考通胜内这两个飞星盘，假如两者皆为吉星，再加上当日为吉日，亦没有冲生肖，在那一天入伙，必定要大旺。因此，择日时要配合很多因素，要研究所有因素的影响，才能够获得最佳效果。

◆ 初级拜四角

拜四角并非大家想象中的拜家中四角，有初级与高级的分别。初级的方法，真的只是拜家中 4 个角，再简单的方法，不用拜四角，只在屋中央放炮仗便可以。

另一个方法是在屋中央生一盆火，在中药房买一包芥子，即是芥蓝花的种子，将芥子撒向火盆，每撒一次，念一句吉利话，高级的做法，可以念经或念咒，能令家居大旺，总之要旺宅的话，一定要在屋的中央去生旺。

烧衣纸也有学问，举例坐山是二三同宫，坐星是二，二代表主妇，你可买两套女性的衣包来火化，如果是三碧木，买三套男性的衣包来火化。用这种方式来烧衣，你是根据八卦来烧，所得出来的效果会特别显著。

◆ 高级拜四角

以上是用简单的方法去拜四角，但你看了我的书后，便懂得用高级的方法拜那4个角。

第一个是拜天门，即是西北角。西北角是天门，代表佛部。逢飞星用顺飞，第一个位置飞向西北方，因为乾卦亦代表佛部。第二个要拜的位置是东南角，称为地户。地户代表所有菩萨，天门是佛部，地户是菩萨部，逢飞星逆飞，第一个宫位飞到东南方。

第三个方位是东北角，称为生门，是奇门遁甲里面的门，这个门代表所有天神出入的门口。所以先拜佛，后拜菩萨，然后拜天部的神。天神指灶君、帝释天 (玉皇大帝)、密宗的摩里支天、大黑天等。大家从电影所见玉皇大帝以下的所有天神，如四大天王等，都属于天神类别。密宗的修行一定从东北角开始，因为东北代表天神。

第四个方位是西南方，代表死门。西南代表女性，女性属阴，代表死亡和污秽之所，是万物凋谢枯残之地，代表地狱道，即是天道、人道以下的四道众生，亦即是游魂野鬼，拜西南方即是拜鬼。

当拜完这4个方位，代表对所有鬼神敬礼完毕。拜的时候要用三牲四果，三牲是烧猪、鸡、鸭或鱼，拜的时候一定是烧猪在中间，鸡在右手边，鸭在左手边，烧猪可以用烧肉代替，四果代表4种水果，当中一定要有橙和苹果。

在拜四角的过程中，酒是最重要的东西，因为甜酒是人与天神或灵界沟通的桥梁，拜的时候用短香插在每种祭品之上，否则鬼神无法领受那些祭品。

一般人不懂这个方法，因此都拜错了神。正确的方法必须把香插在祭品上，直至香点完为止，然后才将祭品切开享用，不能在香烧了一半便完成祭祀。糖果亦是必备的祭品，因为天神喜欢吃甜品，发达糖、甜饼等都必须供奉。

以上是拜四角的正式礼仪，是新居入伙、动土的重要仪式。

◆ 易经与风水

至此我已经将风水学的最重点部分全部介绍给了大家，希望大家可以好好运用。风水的进阶学习，必须要熟习易经六十四卦，从易经的角度去研究。我之前提到一种叫八宅派的风水，那是当你找到八宫之后，要决定先看哪一个宫。如你懂得易经，你会先看4个宫位，以催动那4个宫位为整个风水的用神。

譬如，你的家宅坐北向南，这称为坎卦的风水。你先看南方、北方、东南方和东方这4个方位的飞星，研究这4个方位，定出吉位之后，再在吉位之中找出六十四卦之中那一个爻位最好，于是你可以找出最好最精确的方位。

在风水学的进阶中，你会从飞星的高峰，走回山脚，再从八卦的卦气开始，重新再一次攀登高峰，这一次你从另一条路上山，当你上山之后，你便有如坐在直升机之上，可以尽览所有风水学的精华。

易经的学习是由浅入深，将易经与飞星学这两条路连接起来之后，你可以尽览风水学的精要。风水学是由 A 至 Z 的学习，但 A 至 Z 有很多种不同形态，你要选择最好的那一种学派来学习，飞星是最著名的，亦是最完整的风水学，飞星再加上易经，可说是天下无敌。

▶ 最高明的风水

我已经成功将最强的两个风水派别融成一体，但还有最高级的层次，就是密宗的念力传送，是未入其屋，已经可以将屋内的磁场改造，这一种是我的独家专利，是最高明的风水学。亦是不能在书本上公开的秘学。大家要学习这种秘学，要成为密宗弟子才有这个机缘。学了密法，运用风水学更是得心应手了。

我在这本书将所有基本的风水理论都做了详细解释，大家理解之后，要加以练习运用，风水必须经过实习，才可以真正掌握，并非~看完我这本书，便可以马上成为风水大师。正如大家学习仓颉输入法，明白原理之后，还要经过练习，才可以真正懂得输入。大家要好好消化我的理论，为自己占算，也可以为亲戚朋友占算，占算之后，便可以马上发现出问题的地方。

风水是一门博大精深的学问，我在这里将最精要的心得和窍门向大家披露，使大家用最简单的方法，用最短的时间，已经可以掌握风水学的精要。大家即使现在未能消化所有知识，只要大家保存这本书，日后有机会慢慢参详，必定能够发现这本书尽览风水学的秘诀要门，是不可多得的风水秘典。

我对易经有深厚的认识和研究，大家在学习风水的同时，假如能够同时学习易经，可以有事半功倍的作用。大家要密切留意我的易经著作，内容极之珍贵，是我研究风水20年以来的心得之作，希望大家可以好好把握和运用，借此去改造出更美好的人生。

作为一本入门书，这书已经写完。有空再为大家写一些进阶的风书，希望大家慢慢学，慢慢欣赏东方文化的精彩。

书 跋

行运必先行动，
改运必先改心。

李居明

国际知名术数名师简介

　　国际风水名师李居明先生为港争光，近年创造风水界多项神话：

　　（一）史无前例首位华人风水师亲赴美国亚特兰大"可口可乐"全球总部勘改风水，为各总裁布下风水阵，又以英语批算"可乐"百年大运，提供全球"可乐"推销及包装之风水策略，并对其发展大运提出警告及补救方法，可乐近3年之发展及包装，均依据李氏之提议，业务拓展速度一日千里。中国风水震惊国际旋即成为外国传媒争相讨论之新闻；

　　（二）每加著名斑彩宝石矿破天荒以"MASTER EDwARD LI' sMINE"为其矿坑命名，佩服其以中国风水九宫飞星找出首度出土之"龙珠"彩虹斑斓钻，20年寻找最美矿洞之欲求被中国风水学于一小时内找到，中国术数奇技令美国矿石专家甘拜下风，外国矿洞以中国风水师命名实属首次。

在中国，李居明先生的知名度极高，不少著名人士均为李先生的好友及客人，其中不少大型建筑物均为李氏的风水作品。李居明近年被内地翻版商人大量印制盗版书，其受欢迎程度及影响力可见一斑。

但一直坚持低调，拒绝传媒访问达10年的"大师"，每一年只在香港高调出版他的运程书及通胜，难怪每到年尾，李居明便人气急升，深受读者的怀念和等待。万众期待的运程书及一系列作品，已成了香港及海外华人每年的阅读习惯，可说无人能及。但李居明的真正威望，在其正派、认真及诚恳的态度，再加上其发扬中国古代文明及风水学为使命，常说"不争朝夕，只看千秋"，其对风水学为社会国家建设之远见，融入社会，说迷信破迷信，每有真知灼见，具有大智大慧之哲学者风范，又不遗余力培养后辈，至今不少风水界才俊均出其门下，最妙是李氏有极多的年轻人及小朋友拥戴，很多小朋友都琅琅上口唱出李氏所作的佛歌。

李居明的职业虽然为风水师，但他利用业余时间，全力投入佛教教育工作，每年出版佛歌集，亲自填词主唱，已历8年，共出版之佛歌集包括有《虚空对话》《烟花悟》《苦海无边》《佛歌集成》《前世今生》《自在曼荼罗》《生活禅》《孔雀之王》及《佛海灵音》等。

在著作方面，李氏分《术数系列》及《密宗系列》50多种出版，其最新作品，目前已成为各大书店最畅销之作品之一。《术数系列》方面，新作有《饮食改运学》与《素食创运学》《学风水的第一本书》《学易经的第一本书》等。

李居明和其弟子合影

李居明佛缘奇妙。李氏于1983年正式皈依佛教真言宗，修持于中国失传达1300年之真言密教。1987年初于电视台主持"不可思议"节目，首度介绍中国唐代密宗曼荼罗，同年中国西安法门寺发现唐密地宫及佛骨舍利，唐密重见天日之时，李氏正在香港电子传媒引介中国伟大文化，可见李氏佛缘妙绝。1989年获真言宗金刚阿阇黎名位，1997年于日本高野山东密总本山得道，僧号怡然。但李氏欲将密法由日本人手中取回中国。香港回归祖国后，他于2001年创立修明密佛院于香港九龙塘，确立其融合唐密、东密及台密之真言密教永久传法地，又北上唐密祖庭参拜及与国内高僧大德研讨唐密之复兴。其对唐密之深切研究及修持，为海外华人所罕见者。又于同年开始有系统地引介密宗殊胜。著有专书如《密解般若心经》《密宗信仰与修持》《密宗启蒙》《密宗礼佛的艺术》《佛教密宗常用诵经集》《居明说禅》《密宗修行之旅》及新著《李居明浅谈密宗》《密宗佛菩萨的神秘修持》《密宗明王天神的神秘修持》等。李氏密宗的作品，打破传统的考据及说教的沉闷形式，加入其活泼修行及活学活用的体验，令深邃的密法能追上潮流，重现人间，又渗入李氏之个人修行心得，深受读者共鸣。其创立的"修明佛院"，正发展成一所密宗研究及修持学院，服务于21世纪的中国，为下一代训练出色及具时代使命的密宗金刚大阿阇黎，为中国佛教文化放出异彩做出贡献。

图书在版编目(CIP)数据

商业开运 居家开运 / 李居明著.

- 西安：陕西师范大学出版社，2006.8

ISBN 7 - 5613 - 3187 - 8

Ⅰ．商… Ⅱ．李… Ⅲ．商店 - 室内布置 Ⅳ．J525.1

中国版本图书馆 CIP 数据核字(2006)第 084219 号

图书代号 SK6N0858

国际大师风水系列01

丛书主编 / 黄利

监制 / 万夏

项目创意 / 设计制作 / 紫图圖书 ZITO®

特约图文编辑 / 孙轶

商业开运　居家开运

学风水的第一本书

李居明 / 著

责任编辑 / 周宏

出版发行 / 陕西师范大学出版社

经销 / 新华书店

印刷 / 北京瑞达方舟印刷有限公司

版次 / 2006 年 12 月第 1 版

2006 年 12 月第 1 次印刷

开本 / 880 × 1230 毫米　1/32　9 印张

字数 / 45 千字

书号 /ISBN 7 - 5613 - 3187 - 8/J·78

定价 /38.00 元

如有印装质量问题，请寄回印刷厂调换